Das Bayerische Beamtengesetz

und Gehaltsordnung

mit alphabetischem Verzeichnis sämtlicher Beamten und ausführlichem Sachregister.

München, Berlin und Leipzig.
J. Schweitzer Verlag (Arthur Sellier).

1908.

Inhaltsangabe.

I. Beamtengesetz.

		Seite
I. Abschnitt.	**Allgemeine Bestimmungen** (Artikel 1—10)	1—4
II. Abschnitt.	**Pflichten der Beamten** (Artikel 11—25)	5—10
III. Abschnitt.	**Diensteinkommen der etatsmäßigen Beamten** (Artikel 26 bis 37)	10—17
IV. Abschnitt.	**Versetzung der etatsmäßigen Beamten in den Ruhestand.**	
	A. Einstweilige Versetzung in den Ruhestand mit Wartegeld (Artikel 38—46)	18—20
	B. Versetzung in den Ruhestand mit Ruhegehalt (Artikel 47—68)	21—30
	C. Gemeinsame Bestimmungen (Artikel 69—71)	30—31
V. Abschnitt.	**Fürsorge für die Hinterbliebenen der etatsmäßigen Beamten.**	
	A. Sterbegehalt (Artikel 72) . . .	31
	B. Witwen- und Waisengeld (Artikel 73 bis 88)	31—37
VI. Abschnitt.	**Unfallfürsorge.**	
	A. Fürsorge bei Betriebsunfällen, die in reichsgesetzlich der Unfallversicherung unterliegenden Betrieben eintreten (Artikel 89—100)	37—45
	B. Fürsorge bei Unfällen, die in einem der reichsgesetzlichen Unfallversicherung nicht unterliegenden Betrieb oder Dienstzweig eintreten (Artikel 101) .	46

Seite

VII. Abschnitt. Dienstaufsicht und Dienststrafrecht.

A. Dienstaufsicht (Artikel 102—104) . 47

B. Dienststrafrecht für unwiderrufliche aktive Beamte.

1. Dienstvergehen und Dienststrafen (Artikel 105—116) . . . . . . 48—51
2. Ordnungsstrafverfahren (Artikel 117) 52
3. Disziplinarverfahren (Artikel 118 bis 161) . . . . 52—69
4. Kosten des Verfahrens (Artikel 162) 70
5. Vollstreckung der Dienststrafen (Artikel 163) . . . . 70—71

C. Dienststrafrecht für andere Beamte (Artikel 164—169) . . . . . . 71—73

VIII. Abschnitt. Vorläufige Dienstenthebung (Artikel 170—175) . . . . 73—75

IX. Abschnitt. Verfolgung vermögensrechtlicher Ansprüche der Beamten und ihrer Hinterbliebenen (Artikel 176—178) . . . . 75—76

X. Abschnitt. Verfahren bei Ersatzzuweisungen (Artikel 179—181) . . . . 77—78

XI. Abschnitt. Besondere Vorschriften für einzelne Klassen von Beamten.

A. Staatsminister (Artikel 182) . . . 79

B. Richter der ordentlichen Gerichte und Mitglieder des Verwaltungsgerichtshofs (Artikel 183) . . . . . . 79—80

C. Mitglieder des Obersten Rechnungshofs (Artikel 184). 81

D. Landtagsbeamte (Artikel 185) . . 81—82

E. Beamte der Versicherungskammer und des Wasserversorgungsbureaus (Artikel 186) . . . . 82—83

F. Hochschulprofessoren (Artikel 187) . 83

G. Beamte der aus Kreisfonds unterhaltenen Mittelschulen (Artikel 188) 83—86

Seite

H. Sonstige Beamte der Kreise und Beamte der Stiftungen (Artikel 189) 86
J. Beamte der Fachschulen (Artikel 190) 86
K. Beamte der K. Bank (Artikel 191) . 87
L. Beamte der Militärverwaltung (Artikel 192—202) . . . . . . 87—90
M. Militärgeistliche (Artikel 203) . . 90—91
N. Gendarmerieoffiziere und Gendarmen (Artikel 204) 91
O. Eichmeister sowie Steuer- u. Gemeindeeinnehmer (Artikel 205) 91
P. Weibliche Beamte (Artikel 206) . . 92

XII. Abschnitt. Schluß- und Übergangsbestimmungen (Artikel 207—230) 92—121

II. Anlagen.

Anlage I. Verzeichnis
A. der etatsmäßigen Beamten, die sofort mit ihrer Ernennung unwiderruflich sind, 122
B. der Beamten, die nach einer etatsmäßigen Dienstzeit von drei Jahren unwiderruflich sind 122—130

Anlage II. Verzeichnis der Beamten im Bereiche der K. Versicherungskammer und des K. Wasserversorgungsbureaus, die nach einer etatsmäßigen Dienstzeit von drei Jahren unwiderruflich sind 130

Anlage III. Verzeichnis der Beamten der Oberrealschulen, Progymnasien, Realschulen, Lateinschulen, der Kreisbaugewerkschule Kaiserslautern, der landwirtschaftlichen Mittelschulen und Kreisackerbauschulen, die nach einer etatsmäßigen Dienstzeit von drei Jahren unwiderruflich sind 131

Anlage IV. Verzeichnis der Beamten der Militärverwaltung, die nach einer etatsmäßigen Dienstzeit von drei Jahren unwiderruflich sind 132

III. Gehaltsordnung für die Bayerischen Staatsbeamten.

	Seite
Gehaltsklassen (unter Berücksichtigung der Anfangs- und Endgehalte) .	134
Klasse 1—30 der Gehaltsordnung .	135—161
Alphabetisches Verzeichnis der sämtlichen Beamten	162—181
Alphabetisches Sachregister	182—187

Im Namen Seiner Majestät des Königs.

Luitpold,

von Gottes Gnaden Königlicher Prinz von Bayern, Regent.

Wir haben nach Vernehmung des Staatsrats mit Beirat und Zustimmung der Kammer der Reichsräte und der Kammer der Abgeordneten unter Beobachtung der in Titel X § 7 der Verfassungsurkunde vorgeschriebenen Formen beschlossen und verordnen, was folgt:

I. Abschnitt.

Allgemeine Bestimmungen.

Artikel 1.

Beamte im Sinne dieses Gesetzes sind die Personen, die sich auf Grund einer Entschließung des Königs oder einer vom König ermächtigten Behörde in einem Dienstverhältnisse zum Staate befinden und entweder einer in der Gehaltsordnung aufgeführten Beamtenklasse angehören oder durch Anordnung der Staatsregierung als Beamte im Sinne dieses Gesetzes erklärt sind.

Artikel 2.

Etatsmäßige Beamte sind diejenigen Beamten, die einer in der Gehaltsordnung aufgeführten Beamtenklasse angehören und in den in dem Artikel 5 Abs. 1 vorgeschriebenen Formen ernannt sind.

Artikel 3.

Zum etatsmäßigen Beamten soll nur ernannt werden, wer

1. die deutsche Reichsangehörigkeit besitzt oder mit der Ernennung erwirbt,

2. das einundzwanzigste Lebensjahr vollendet hat,
3. der Militärpflicht und im Falle der Aushebung der aktiven Dienstpflicht genügt hat.

Artikel 4.

Die Ernennung der etatsmäßigen Beamten, die eine höhere wissenschaftliche, technische oder künstlerische Berufsbildung nachzuweisen haben, erfolgt in der Regel durch den König.

Welche Beamte hierunter fallen, für welche weitere etatsmäßige Beamte die Ernennung durch den König erfolgt und wieweit zur Ernennung die Behörden zuständig sind, wird durch Verordnung bestimmt.

Die Vorschriften der Abs. 1, 2 gelten auch für die Versetzung, Wiederanstellung und Beförderung der etatsmäßigen Beamten.

Artikel 5.

Die etatsmäßigen Beamten erhalten bei ihrer Ernennung eine Urkunde, worin der Zeitpunkt, von dem an die Ernennung wirksam wird, zu bezeichnen und anzugeben ist, daß die Ernennung in etatsmäßiger Eigenschaft erfolgt.

Die Ernennung wird durch die Aushändigung dieser Urkunde an den Beamten mit dem darin bestimmten Zeitpunkte wirksam.

Die amtliche Ausschreibung hat die gleiche rechtliche Wirkung wie die Aushändigung der Urkunde.

Die Vorschriften der Abs. 1 bis 3 gelten auch für die Versetzung, Wiederanstellung und Beförderung der etatsmäßigen Beamten.

Artikel 6.

Das Dienstverhältnis der etatsmäßigen Beamten, die in dem diesem Gesetz als Anlage I beigefügten Verzeichnis unter Buchstabe A vorgetragen sind, ist mit dem Tage der Wirksamkeit ihrer Ernennung unwiderruflich.

Das Dienstverhältnis der unter Buchstabe B dieses Verzeichnisses vorgetragenen Beamten ist nach einer etatsmäßigen Dienstzeit von drei Jahren unwiderruflich.

Das Dienstverhältnis der übrigen in der Gehaltsordnung aufgeführten Beamten ist nach einer etatsmäßigen Dienstzeit von zehn Jahren unwiderruflich.

Für etatsmäßige Beamte, die später in die Gehaltsordnung aufgenommen werden, wird die Dauer der Widerruflichkeit durch Verordnung bestimmt.

Das Dienstverhältnis der nicht etatsmäßigen Beamten ist dauernd widerruflich.

Artikel 7.

Aus besonderen Gründen kann von dem König oder der von dem König ermächtigten Behörde das Dienstverhältnis eines zeitlich widerruflichen Beamten schon vor Ablauf der in dem Artikel 6 Abs. 2, 3 bestimmten Zeit als unwiderruflich erklärt werden. Für Militäranwärter mit einer mindestens achtjährigen Militärdienstzeit kann allgemein angeordnet werden, daß ein Teil der Militärdienstzeit auf die Zeit der Widerruflichkeit angerechnet wird.

Artikel 8.

Beamten, deren Dienstverhältnis widerruflich ist (widerruflichen Beamten), kann jederzeit eine andere ihrer Berufsbildung entsprechende Amtsstelle übertragen werden. Der Beamte, dem ohne sein Ansuchen eine andere Amtsstelle übertragen wird, hat Anspruch auf Gewährung von Umzugskosten nach den darüber im Verordnungsweg erlassenen Vorschriften, wenn die Änderung seiner dienstlichen Stellung nicht durch sein eigenes Verhalten verschuldet wurde.

Das Dienstverhältnis der widerruflichen Beamten kann, soweit sie vom König ernannt sind, durch Entschließung des Königs, im übrigen durch Entschließung der zur Ernennung zuständigen Behörde jederzeit gelöst werden. Die Lösung des Dienstverhältnisses hat den Verlust des Diensteinkommens, des Titels und der Dienstabzeichen sowie der Aussicht auf Gewährung eines Ruhegehalts und auf Hinterbliebenenversorgung zur Folge. Wird das Dienstverhältnis nicht wegen Verletzung der dem Beamten obliegenden Pflichten gelöst, so ist dem Beamten der Gehalt noch für die Dauer der Dienstleistung, mindestens aber für die Dauer von drei Monaten seit der Mitteilung der das Dienstverhältnis lösenden Entschließung zu gewähren, auch wenn die Lösung vor dem Ablaufe dieser Zeit eintritt.

Artikel 9.

Beamten, deren Dienstverhältnis unwiderruflich ist (unwiderruflichen Beamten), kann vorbehaltlich der Vorschriften des Artikel 109 ohne ihr Ansuchen eine andere Amtsstelle nur übertragen werden, wenn sie in etatsmäßiger Weise übertragen wird, ihrer Berufsbildung entspricht und damit weder eine Zurücksetzung im Range noch eine Schmälerung des Gehalts verknüpft ist. Der Beamte hat in diesem Falle Anspruch auf Gewährung von Umzugskosten nach den darüber im Verordnungsweg erlassenen Vorschriften. Die Vorschrift des Artikel 30 Abs. 6 wird hiedurch nicht berührt.

Unwiderrufliche Beamte können ohne ihre Zustimmung nur im Wege des Disziplinarverfahrens aus dem Staatsdienst entlassen werden.

Artikel 10.

Der Beamte kann jederzeit ohne Angabe eines Grundes um seine Entlassung aus dem Staatsdienste nachsuchen. Die sofortige Entlassung kann ihm, sofern bei seiner Ernennung nichts anderes bestimmt wurde, nur verweigert werden:

1. solange dies mit Rücksicht auf die Fürsorge für die anderweitige Wahrnehmung seiner Dienstgeschäfte notwendig ist;
2. solange der Beamte in selbstverschuldeter Weise mit der Erledigung seiner Dienstgeschäfte im Rückstande sich befindet;

3. solange er über eine ihm anvertraute Verwaltung von öffentlichem Vermögen nicht Rechenschaft abgelegt hat.

Der Beamte darf indes aus den in Ziff. 1, 2 bezeichneten Gründen nicht länger als ein Vierteljahr im Dienste zurückgehalten werden.

Die Entlassung wird vom König und, sofern die Ernennung nicht durch den König erfolgt ist, von der zur Ernennung zuständigen Behörde bewilligt.

Der Beamte verliert mit dem Dienstaustritt seinen Anspruch auf Diensteinkommen, den Anspruch oder die Aussicht auf Ruhegehalt und Hinterbliebenenversorgung sowie den Titel und die Dienstabzeichen, sofern ihm nicht die Weiterführung des Titels und das Weitertragen der Dienstabzeichen gestattet wird. Die Erlaubnis zur Weiterführung des Titels und zum Weitertragen der Dienstabzeichen kann jederzeit zurückgenommen werden.

II. Abschnitt.

Pflichten der Beamten.

Artikel 11.

Der Beamte hat alle Obliegenheiten des ihm übertragenen Amtes den Gesetzen, Verordnungen und Dienstvorschriften entsprechend gewissenhaft wahrzunehmen und sich durch sein Verhalten in und außer dem Amte der Achtung, die sein Beruf erfordert, würdig zu erweisen.

Artikel 12.

Der Beamte hat den Dienstbefehlen seiner Vorgesetzten zu gehorchen. Soweit er im Vollzug eines Dienstbefehls handelt, trifft die dienstliche Verantwortung den anordnenden Vorgesetzten.

Für einzelne Zweige des Staatsdienstes können mit Rücksicht auf ihre besondere Natur in den Dienstvorschriften Ausnahmen von der Vorschrift des Abs. 1 verfügt werden.

Die dienstliche Gehorsamspflicht gilt für Beamte soweit nicht, als sie die richterliche Gewalt ausüben.

Artikel 13

Verletzt ein Beamter vorsätzlich oder fahrlässig seine Amtspflicht, so haftet er dem Staate für den diesem daraus entstehenden Schaden.

Die Vorschriften der §§ 827, 830, des § 840 Abs. 1, des § 852 Abs. 2 und des § 853 des Bürgerlichen Gesetzbuchs finden entsprechende Anwendung.

Der Anspruch des Staates auf Schadensersatz verjährt in drei Jahren von dem Zeitpunkt an, in dem eine zur Geltendmachung des Anspruchs zuständige Behörde von dem Schaden und der Person des ersatzpflichtigen Beamten Kenntnis erlangt hat, ohne Rücksicht auf diese Kenntnis in dreißig Jahren von der Begehung der Handlung an. Besteht der Schaden darin, daß der Staat wegen einer durch eine Amtspflichtverletzung erfolgten Schädigung eines Dritten diesem Ersatz leisten muß, so beginnt die dreijährige Verjährungsfrist mit dem Zeitpunkt, in dem die Ersatzpflicht des Staates dem Beschädigten gegenüber anerkannt oder rechtskräftig festgestellt ist.

Artikel 14.

Der Beamte hat über die ihm vermöge seines Amtes bekannt gewordenen Angelegenheiten, deren Geheimhaltung ihrer Natur nach erforderlich oder von seinen Vorgesetzten vorgeschrieben ist, Verschwiegenheit zu beobachten, auch nachdem das Dienstverhältnis gelöst ist.

Artikel 15.

Dem Beamten ist es untersagt, ohne Erlaubnis der vorgesetzten Behörde als Sachverständiger außergerichtliche Gutachten abzugeben.

Artikel 16.

Die Teilnahme an einem Vereine, dessen Zwecke oder Bestrebungen den staatlichen oder dienstlichen Interessen zuwiderlaufen, ist dem Beamten untersagt.

Artikel 17.

Ein Beamter, der eine Ehe einzugehen beabsichtigt, hat dies rechtzeitig der zuständigen Dienstbehörde anzuzeigen.

Durch Verordnung kann bestimmt werden, daß gewisse Klassen von Beamten zur Eingehung einer Ehe der Erlaubnis der zuständigen Dienstbehörde bedürfen.

Die Erlaubnis darf nur verweigert werden, wenn der Eingehung der Ehe dienstliche Bedenken entgegenstehen

Artikel 18.

Der Beamte darf ein Nebenamt oder ein Nebengeschäft nur übernehmen, soweit dies mit der gewissenhaften Erfüllung seiner Pflichten und mit der Achtung, die sein Beruf erfordert, vereinbar ist.

Ein Beamter, der

1. ein nicht mit einer Entlohnung verbundenes Nebenamt im Dienste des Reichs oder eines anderen Bundesstaats oder
2. eine ehrenamtliche Stellung in den Verwaltungsorganen einer Gemeinde, Anstalt, Stiftung, Kasse, Religions- oder Kirchengesellschaft, Erwerbsgesellschaft oder Genossenschaft oder
3. das Amt eines Schiedsrichters, Testamentsvollstreckers, Vormundes, Pflegers, Beistandes oder eine andere Verwaltung fremder Angelegenheiten übernimmt,

hat dies der vorgesetzten Dienstbehörde anzuzeigen.

Die Erlaubnis der zuständigen Dienstbehörde ist erforderlich:

1. zum Betrieb eines Gewerbes im Sinne der Reichs-Gewerbeordnung und zwar auch dann, wenn es von der Ehefrau oder von einer anderen dem Hausstande des Beamten angehörenden Person betrieben wird;
2. zur Übernahme eines Nebenamts oder Nebengeschäfts, womit eine Entlohnung verbunden ist;

3. zur Beteiligung an der Errichtung einer auf Gewinn gerichteten Gesellschaft als Gründer oder zum Eintritt in den Vorstand, Aufsichtsrat oder Verwaltungsrat einer solchen Gesellschaft. Als eine auf Gewinn gerichtete Gesellschaft gilt eine Genossenschaft nicht, deren Tätigkeit auf den Kreis ihrer Mitglieder beschränkt ist.

Die Erlaubnis kann jederzeit zurückgenommen werden.

In den Fällen des Abs. 3 Ziffer 3 darf die Erlaubnis nur erteilt werden, wenn mit der Tätigkeit weder unmittelbar noch mittelbar ein Gewinn oder eine Entlohnung verbunden ist.

Artikel 19.

Die Übernahme von Nebenämtern oder Nebengeschäften im staatlichen Dienste kann der Beamte nicht verweigern, wenn sie seiner Berufsbildung und dienstlichen Stellung entsprechen.

Artikel 20.

Der Beamte darf Titel, Ehrenzeichen, Gehalte, Belohnungen und Geschenke von anderen Regenten oder Regierungen nur mit Erlaubnis des Königs oder der vom König ermächtigten Behörde und sonstige Belohnungen oder Geschenke, die ihm in Bezug auf sein Amt zugedacht sind, nur mit Erlaubnis der zuständigen Dienstbehörde annehmen.

Artikel 21.

Der Beamte hat seinen Wohnsitz derart zu nehmen, daß hiedurch die Erfüllung seiner dienstlichen Obliegenheiten nicht beeinträchtigt ist.

Ob der Wohnsitz dieser Anforderung entspricht, wird, wenn ein Zweifel darüber besteht, von der vorgesetzten Dienstbehörde entschieden.

Artikel 22.

Die Vorschriften über die Sonntagsruhe und über den Urlaub werden von der Staatsregierung erlassen.

Jedem etatsmäßigen Beamten soll alljährlich ein angemessener Urlaub bewilligt werden, soweit nicht außergewöhnliche Verhältnisse entgegenstehen. Der Feriengenuß ist dem Urlaube gleichzuachten.

Ein Beamter, der sich ohne den erforderlichen Urlaub von seinem Amte fernhält oder den erteilten Urlaub überschreitet, ohne daß ihm ausreichende Entschuldigungsgründe zur Seite stehen, ist, unbeschadet dienststrafrechtlichen Einschreitens, für die Zeit des unerlaubten Fernbleibens vom Amte seines Diensteinkommens verlustig.

Die Einziehung des Diensteinkommens (Abs. 3) wird von der Behörde verfügt, die den Urlaub zu erteilen hat. Gegen die Verfügung steht dem Beamten die Beschwerde im Instanzenzuge frei. Die Frist zur Einlegung der Beschwerde beträgt zwei Wochen, vom Tage der Eröffnung der Verfügung an gerechnet.

Artikel 23.

Der Beamte ist vor dem Dienstantritt auf die getreue Erfüllung seiner Obliegenheiten eidlich zu verpflichten.

Der geleistete Eid verpflichtet auch für alle Ämter, die später übertragen werden

Ist die eidliche Verpflichtung unterblieben, so ist dies auf die Gültigkeit der Amtshandlungen und auf die Verantwortlichkeit für Pflichtverletzungen ohne Einfluß, soweit nicht durch besondere Gesetze für die Übernahme gewisser Ämter die Ableistung eines Diensteids ausdrücklich vorgeschrieben ist.

Artikel 24.

Die Vorschrift in dem Artikel 11 über das Verhalten außer dem Amte sowie die Vorschriften der Artikel 14, 17, 20 finden auch auf die einstweilen oder zeitlich in den Ruhestand versetzten Beamten entsprechende Anwendung.

Auf die im dauernden Ruhestande befindlichen Beamten finden lediglich die Vorschriften in dem Artikel 11 über das Verhalten außer dem Amte sowie die Vorschriften der Artikel 14, 20 entsprechende Anwendung.

Artikel 25.

Die Vorschriften des Artikel 11, des Artikel 12 Abs. 1, 2, der Artikel 13, 14, 16, 17, des Artikels 18 Abs. 1, der Artikel 20, 21, des Artikel 22 Abs. 1 und des Artikel 23 finden auch auf die Staatsdienstaspiranten entsprechende Anwendung, die nicht als Beamte im Sinne des Artikel 1 erklärt sind, ferner auf Personen, die, ohne als Beamte im Sinne des Artikel 1 erklärt zu sein, mit den Verrichtungen solcher Beamten ständig oder vorübergehend betraut sind.

III. Abschnitt.

Diensteinkommen der etatsmäßigen Beamten.

Artikel 26.

Die Gehalte der etatsmäßigen Beamten werden durch die Gehaltsordnung bestimmt.

Die Zuweisung des Gehalts an den Beamten erfolgt durch den König oder die vom König ermächtigte Behörde. Der Gehalt des Beamten soll in die ihm zu behändigende Urkunde (Artikel 5 Abs. 1) aufgenommen werden.

Für die Bemessung des Gehalts ist die im Hauptamt übertragene Stelle maßgebend. Welche Dienstesaufgaben im einzelnen zu der im Hauptamt übertragenen Stelle gehören, bestimmen die Dienstesvorschriften.

Keinem Beamten können gleichzeitig mehrere Amtsstellen im Hauptamt übertragen werden.

Für ein Nebenamt oder Nebengeschäft kann dem Beamten eine besondere Vergütung aus der Staatskasse nur bewilligt werden, wenn es mit dem Hauptamte nicht in unmittelbarem Zusammenhange steht oder den Beamten in besonderem Maße in Anspruch nimmt.

Artikel 27.

Soweit dienstliche Rücksichten es geboten erscheinen lassen, kann einem Beamten ausnahmsweise durch Königliche Entschließung ein von der Gehaltsordnung abweichender höherer Gehalt verliehen werden.

Auch kann, soweit die Verhältnisse es angezeigt erscheinen lassen, ein Beamter zunächst mit einem geringeren als dem in der Gehaltsordnung vorgesehenen Anfangsgehalt ernannt und ein bereits ernannter Beamter zunächst ohne Änderung seines Gehalts oder unter vorläufiger Gewährung einer Zulage mit der Versehung einer Amtsstelle betraut werden, für die in der Gehaltsordnung ein höherer Gehalt vorgesehen ist.

Abgesehen von diesem Falle darf für die im Hauptamt übertragene Amtsstelle neben dem Gehalt eine weitere Vergütung nur gewährt werden, wenn sie in der Gehaltsordnung vorgesehen ist oder wenn die Dienstleistung des Beamten in außergewöhnlicher Weise über das normale Maß hinausgeht.

Die Vorschriften über die Entschädigungen für den Dienstaufwand und über die Gewährung von Umzugskosten bleiben unberührt.

Artikel 28.

Einem Beamten, für dessen Klasse in der Gehaltsordnung ein steigender Gehalt vorgesehen ist, wird, unbeschadet der Vorschriften des Artikel 27 Abs. 1, 2 und des Artikel 30, bei seiner Ernennung oder Beförderung zunächst der Gehalt der untersten Stufe dieser Klasse zugewiesen.

Bei befriedigender Dienstleistung und tadelfreiem dienstlichen und außerdienstlichen Verhalten rückt er nach Maßgabe seines Dienstalters in die für seine Klasse in der Gehaltsordnung vorgesehenen höheren Dienstaltersstufen vor.

Für die Bemessung der Vorrückung in den Gehalt einer höheren Dienstaltersstufe wird, unbeschadet der Vorschriften der Abs. 4 bis 7 dieses Artikels und der Vorschriften des Artikel 29, nur die Zeit gerechnet, die der Beamte in etatsmäßiger Eigenschaft in der gleichen oder in einer höheren Klasse der Gehaltsordnung zugebracht hat.

Den Militäranwärtern und Inhabern des Anstellungsscheins wird bei der Ernennung in etatsmäßiger Eigenschaft für die Bemessung des Gehalts die regelmäßige Zeit der Anstellung auf Probe oder der Probedienstleistung angerechnet, soweit sie in der gleichen Stellung zugebracht wurde.

Durch Verordnung kann ferner bestimmt werden, daß den Militäranwärtern bei der Ernennung in etatsmäßiger Eigenschaft ein Teil der Militärdienstzeit für die Bemessung des Gehalts angerechnet wird.

Außerdem kann einem Beamten für die Bemessung des Gehalts ganz oder teilweise die Zeit angerechnet werden, während welcher er

1. im Dienste des Reichs oder
2. im Dienste eines anderen Bundesstaats oder
3. als nicht aus der Staatskasse besoldeter Beamter des Staates oder
4. in einem sonstigen öffentlichen Dienste verwendet oder
5. außerhalb des öffentlichen Dienstes tätig war, sofern diese Tätigkeit für die berufliche Ausbildung förderlich ist.

Verzögerte sich die Ernennung eines Staatsdienstaspiranten zum etatsmäßigen Beamten dadurch, daß er seiner aktiven Militärpflicht genügte oder wegen zeitiger Untauglichkeit von der Aushebung zurückgestellt oder als überzählig vorerst nicht eingestellt wurde, so kann die Zeit der Verzögerung bei der späteren Ernennung zum etatsmäßigen Beamten für die Bemessung des Gehalts entsprechend angerechnet werden.

Artikel 29.

Einem Beamten, der mit Bezug von Wartegeld einstweilen in den Ruhestand versetzt war, soll bei seiner Wiederanstellung für die Bemessung des Gehalts ganz oder teilweise die Zeit angerechnet werden, während welcher er sich im einstweiligen Ruhestande befand.

Das Gleiche kann geschehen, wenn ein Beamter, dessen Dienstverhältnis nach Artikel 8 Abs. 2 oder Artikel 10 gelöst war, wieder als etatsmäßiger Beamter angestellt wird, für die vor der Lösung des Dienstverhältnisses in etatsmäßiger Eigenschaft zurückgelegte Dienstzeit, sofern sein Ausscheiden nicht durch eine Verletzung seiner dienstlichen Pflichten veranlaßt war. Die Anrechnung kann einem Beamten, dessen Dienstverhältnis auf sein Ansuchen gelöst wird, bei der Bewilligung der Entlassung zugesichert werden.

Artikel 30.

Hatte ein Beamter, der in eine höhere Klasse der Gehaltsordnung übergeführt wird, schon in der bisherigen Klasse einen den Anfangsgehalt der neuen Klasse übersteigenden Gehalt erdient, so tritt er mit dem Zeitpunkte der Überführung sofort in die dem bereits erdienten höheren Gehalt entsprechende Dienstaltersstufe der neuen Klasse ein. Zugleich wird ihm die mit dem erdienten höheren Gehalte zurückgelegte Dienstzeit bis zur Höchstdauer von drei Jahren für die Bemessung der Vorrückung in der neuen Klasse angerechnet.

Die gleiche Anrechnung der Dienstzeit findet statt, wenn der bereits in der bisherigen Klasse erdiente Gehalt dem Anfangsgehalte der neuen Klasse gleich ist.

Besteht ein dem bereits erdienten höheren Gehalt entsprechender Gehaltssatz in der neuen Klasse nicht, so tritt der Beamte sofort in die nächsthöhere Stufe der neuen Klasse ein, in der er die volle für die Vorrückung in die nächstfolgende Dienstaltersstufe vorgesehene Zeit verbleibt. Wäre er jedoch in der früheren Klasse schon vor Ablauf dieser Zeit in einen höheren Gehalt vorgerückt, so rückt er in die nächstfolgende Stufe der neuen Klasse zu der gleichen Zeit vor, zu welcher er in der früheren Klasse vorgerückt wäre. Nach diesem Zeitpunkte bemessen sich auch seine weiteren Gehaltsvorrückungen in der neuen Klasse.

Die Vorschriften des Abs. 3 Satz 2 und 3 finden auch Anwendung, wenn ein Beamter, dessen erdienter Gehalt bei der Überführung in eine höhere Klasse der Gehaltsordnung den Anfangsgehalt der neuen Klasse nicht erreicht, in der bisherigen Klasse früher als in der neuen Klasse in einen höheren Gehalt vorgerückt wäre.

War ein Beamter in Bezug auf die Beförderung zeitweise übergangen oder war er in eine einer niedrigeren Klasse der Gehaltsordnung zugeteilte Dienstesstelle zurückversetzt, so bleibt die Bestimmung darüber, ob und wieweit bei einer späteren Beförderung die in der früheren Klasse zugebrachte Dienstzeit für die Bemessung der Vorrückung in der neuen Klasse anzurechnen ist, der Entscheidung des Königs und, sofern die Beförderung nicht durch den König erfolgt, der Entscheidung der zur Beförderung zuständigen Stelle vorbehalten.

Für den Bereich der Verkehrsverwaltung kann durch die Etats festgesetzt werden, daß, sofern ein Beamter aus dienstlichen Gründen aus dem Fahrdienst in einen anderen Dienstzweig übergeführt wird, oder umgekehrt, eine Erhöhung oder Kürzung des Gehalts um einen bestimmten Betrag eintritt. Soweit Beamte der Verkehrsverwaltung, die den besonderen Anforderungen ihres Dienstes nicht mehr gewachsen sind, in einen anderen Dienst übergeführt werden, werden die Bestimmungen über die Bemessung des Gehalts und der Vorrückungen von der Staatsregierung getroffen; eine Kürzung des Gehalts, den der Beamte im Zeitpunkte der Überführung bezieht, darf in diesem Falle uur nach Maßgabe des vorhergehenden Satzes eintreten.

Artikel 31.

Geben die dienstlichen Leistungen oder das dienstliche oder außerdienstliche Verhalten eines Beamten zur Beanstandung Anlaß, so kann die Vorrückung in den Gehalt der höheren Dienstaltersstufe ganz oder teilweise versagt oder in längeren Fristen oder nur in widerruflicher Weise bewilligt werden. Die Gründe sind dem Beamten schriftlich zu eröffnen.

Wird dem Beamten die Gehaltsvorrückung für die Folge bewilligt, so ist gleichzeitig zu bestimmen, ob und wieweit durch die Versagung der Vorrückung der Zeitpunkt für die späteren Vorrückungen hinausgeschoben wird. Aus besonderen Gründen kann auch die teilweise oder volle Nachzahlung der vorenthaltenen Dienstalterszulage genehmigt werden.

Artikel 32.

Solange gegen einen Beamten ein Dienststrafverfahren oder wegen Verbrechens oder Vergehens eine Voruntersuchung oder ein Hauptverfahren anhängig ist, bleibt die Vorrückung im Gehalt ausgesetzt. Sie bleibt auch ausgesetzt, solange der Beamte mit der Wirkung der Einbehaltung eines Teiles des Gehalts vom Amte vorläufig enthoben ist.

Artikel 33.

Die Vorrückung in den Gehalt einer höheren Dienstaltersstufe wird durch das dem Beamten vorgesetzte Staatsministerium oder die von diesem ermächtigte Behörde verfügt.

Die Verfügungen nach Artikel 31 werden von dem Staatsministerium und, sofern zur Ernennung des Beamten eine dem Staatsministerium untergebene Behörde zuständig ist, von dieser getroffen. Gegen die Verfügung steht dem Beamten die Beschwerde an das Staatsministerium und, wenn die Verfügung von diesem erlassen wurde, an den Staatsrat zu.

Artikel 34.

Der Anspruch des Beamten auf den Gehalt beginnt mit dem in der Urkunde (Artikel 5 Abs. 1) bezeichneten Tage der Ernennung, Wiederanstellung oder Beförderung.

Die Dienstalterszulagen werden vom Ersten des Monats an bewilligt, in den der Eintritt in eine neue Dienstaltersstufe fällt.

Der Gehalt wird monatlich vorausgezahlt.

Der Anspruch des Beamten auf den Gehalt erlischt im Falle des Ablebens mit Ablauf des Monats, in dem das Ableben erfolgt ist, im Falle der Versetzung in den Ruhestand mit dem Zeitpunkt, in dem der Anspruch auf die Zahlung des Wartegeldes oder des Ruhegehalts beginnt, im übrigen, unbeschadet der Vorschrift des Artikel 8 Abs. 2 Satz 3, mit der Beendigung der Dienstleistung.

Artikel 35.

Für die Dauer des regelmäßigen Urlaubs und für die Zeit der Abwesenheit, für die der Beamte eines Urlaubs nicht bedarf oder der Urlaub nicht verweigert werden kann, findet ein Abzug am Gehalte nicht statt; die etwa erwachsenden Stellvertretungskosten fallen der Staatskasse zur Last.

Das Gleiche gilt im Falle der Erkrankung für die Dauer von sechsundzwanzig Wochen. Dauert die durch Krankheit bewirkte Dienstbehinderung ununterbrochen länger als sechsundzwanzig Wochen, so bedarf die weitere unverkürzte Verabfolgung des Gehalts und die Übernahme der etwa weiter erwachsenden Stellvertretungskosten auf die Staatskasse der Erlaubnis des vorgesetzten Staatsministeriums oder der von diesem ermächtigten Stelle.

Wird in anderen Fällen ein die regelmäßige Dauer überschreitender Urlaub erteilt, so steht die Entscheidung darüber, ob und wieweit der Gehalt einzuziehen ist, der zu dieser Beurlaubung zuständigen Behörde zu.

Artikel 36.

Bezieht ein etatsmäßiger Beamter auf Grund der Unfallversicherungsgesetze eine Rente aus der Staatskasse, so wird der Gehalt um den Betrag der Unfallrente gekürzt.

Artikel 37.

Für den Genuß einer Dienstwohnung hat der Beamte, falls ihm nicht nach der Gehaltsordnung eine freie Dienstwohnung zusteht, eine Mietentschädigung zu entrichten. Diese Entschädigung ist von der zuständigen Behörde unter angemessener Berücksichtigung einerseits des wirklichen Wertes der Wohnung nach ihrer Größe und ihrer Beschaffenheit, sowie nach den am Wohnsitze des Beamten für Wohnungen derselben Art zu zahlenden Mietzinsen andererseits des Wertes festzusetzen, den die Wohnung für den Beamten hat. Sie darf jedoch zwei Drittel des wirklichen Wertes nicht übersteigen.

Die Verpflichtung zur Entrichtung der Mietentschädigung beginnt mit dem Zeitpunkte, von dem an die Übertragung der Amtsstelle, mit welcher der Genuß der Dienstwohnung verbunden ist, wirksam wird; wenn die Dienstwohnung erst später beziehbar wird, mit diesem Zeitpunkte.

Der Beamte ist nicht berechtigt, die Annahme und Benützung einer Dienstwohnung zu verweigern.

Die Dienstwohnung kann jederzeit durch eine andere ersetzt oder dem Beamten unter Einhaltung einer von der zuständigen Behörde festzusetzenden angemessenen Kündigungsfrist entzogen werden.

Scheidet der Beamte aus seiner Amtsstelle aus, so ist die Dienstwohnung innerhalb einer von der zuständigen Behörde zu bestimmenden angemessenen Frist zu räumen.

Die Vorschriften der Abs. 1 bis 5 gelten auch für den Fall, daß einem Beamten ein Dienstzimmer als Wohnung zugewiesen wird.

Für die Benützung von Gärten und sonstigen Grundstücken hat der Beamte eine dem Nutzwert und den örtlichen Verhältnissen entsprechende Pachtentschädigung zu entrichten.

Im übrigen bemißt sich das Verhältnis zwischen dem Staate und den Beamten hinsichtlich der Dienstwohnungen, Dienstzimmer und Grundstücke nach den von der Staatsregierung erlassenen Vorschriften.

IV. Abschnitt.

Versetzung der etatsmäßigen Beamten in den Ruhestand.

A. Einstweilige Versetzung in den Ruhestand mit Wartegeld.

Artikel 38.

Der unwiderrufliche Beamte kann unter Bewilligung des gesetzlichen Wartegeldes einstweilen in den Ruhestand versetzt werden, wenn zu seiner Verwendung im Staatsdienst infolge einer Änderung in der Organisation der Behörden oder ihrer Bezirke keine Gelegenheit mehr gegeben ist oder wenn ohne sein Verschulden Umstände vorliegen, durch die seine amtliche Wirksamkeit auch auf einer anderen Stelle nicht bloß vorübergehend gestört wäre.

Artikel 39.

Das Wartegeld beträgt drei Vierteile des pensionsfähigen Diensteinkommens.

Als pensionsfähiges Diensteinkommen gilt der zuletzt bezogene Gehalt und der durch die Gehaltsordnung als pensionsfähig erklärte Teil des Nebeneinkommens. Außerdem wird bei gegebener Voraussetzung (Artikel 28 Abs. 2) in das pensionsfähige Diensteinkommen der Teilbetrag der nächsten Dienstalterszulage eingerechnet, der sich nach Maßgabe der seit der letzten Gehaltsvorrückung zurückgelegten Dienstzeit berechnet. Bei der Feststellung dieses Betrags kommen nur volle Monate in Betracht.

Einem Beamten, der seinen dienstlichen Wohnsitz außerhalb des Königreichs hat, sind bei seiner einstweiligen Versetzung in den Ruhestand die Kosten des

Umzugs an den von ihm innerhalb des Königsreichs gewählten Wohnort nach der für die Vergütung der Umzugskosten an die Staatsbeamten maßgebenden Verordnung zu ersetzen.

Bezieht ein Wartegeldempfänger auf Grund der Unfallversicherungsgesetze eine Rente aus der Staatskasse, so wird das Wartegeld um den Betrag der Unfallrente gekürzt.

Artikel 40.

Der Anspruch auf Wartegeld beginnt mit dem Ablaufe des Vierteljahrs, das auf den Monat folgt, in dem die einstweilige Versetzung in den Ruhestand dem Beamten bekannt gegeben wurde. Bis dahin bezieht er noch seinen bisherigen Gehalt. Ist in der Verfügung ein späterer Zeitpunkt für die Wirksamkeit der einstweiligen Versetzung in den Ruhestand bestimmt, so beginnt der Anspruch auf Wartegeld mit diesem Zeitpunkte.

Artikel 41.

Das Wartegeld wird monatlich vorausgezahlt.

Artikel 42.

Der einstweilen in den Ruhestand versetzte Beamte kann unter den gleichen Voraussetzungen wieder zur Dienstleistung berufen werden, unter denen nach Artikel 9 Abs. 1 einem unwiderruflichen Beamten eine andere Amtsstelle übertragen werden kann.

Artikel 43.

Der Anspruch auf Wartegeld erlischt:

1. wenn der Beamte nach Maßgabe des Artikel 42 im Staatsdienste wieder angestellt wird;
2. wenn er zeitlich oder dauernd in den Ruhestand versetzt wird;
3. wenn er des Dienstes entlassen oder kraft des Gesetzes seines Amtes verlustig wird;
4. mit Ablauf des Monats, in dem er stirbt.

Artikel 44.

Der Anspruch auf das Wartegeld ruht:

1. wenn der Beamte die deutsche Reichsangehörigkeit verliert, bis zu ihrer Wiedererlangung;
2. wenn er ohne Erlaubnis der zuständigen Behörde seinen Wohnsitz außerhalb des Deutschen Reichs nimmt, bis zur Rückverlegung des Wohnsitzes oder bis zur nachträglichen Genehmigung der Verlegung;
3. solange er aus der Verwendung in dem Staats- oder einem sonstigen öffentlichen Dienste ein Einkommen bezieht, soweit, als der Betrag dieses Einkommens unter Hinzurechnung des Wartegeldes den Betrag des Gehalts übersteigt, den er vor seiner einstweiligen Versetzung in den Ruhestand bezogen hatte.

Artikel 45.

Die Einziehung oder Kürzung des Wartegeldes tritt mit Schluß des Monats ein, in dem das die Einziehung oder Kürzung bedingende Ereignis sich vollzogen hat. Vollzieht sich dieses Ereignis am ersten Tage eines Monats, so tritt, abgesehen von dem Falle des Artikel 43 Ziff. 4, die Einziehung oder Kürzung mit dem Beginne dieses Monats ein.

Die Wiedergewährung des Wartegeldes tritt mit dem Beginne des Monats ein, in dem das die Wiedergewährung bedingende Ereignis sich vollzogen hat.

Hat der einstweilen in den Ruhestand versetzte Beamte das Wartegeld über den in Abs. 1 bezeichneten Zeitpunkt hinaus bezogen, so hat er den zuviel bezogenen Betrag zurückzuerstatten oder sich auf anderweitige Bezüge aus der Staatskasse anrechnen zu lassen.

Artikel 46.

Die Vorschriften der Artikel 38 bis 45 können auch auf widerrufliche etatsmäßige Beamte entsprechende Anwendung finden.

B. Versetzung in den Ruhestand mit Ruhegehalt.

Artikel 47.

Der unwiderrufliche Beamte kann die Versetzung in den Ruhestand beanspruchen, wenn er entweder

1. das fünfundsechzigste Lebensjahr vollendet hat oder
2. infolge eines körperlichen Gebrechens oder Schwäche seiner körperlichen oder geistigen Kräfte zur Erfüllung seiner Amtspflichten unfähig ist.

Artikel 48.

Der unwiderrufliche Beamte kann ohne sein Ansuchen in den Ruhestand versetzt werden, wenn er

1. das fünfundsechzigste Lebensjahr vollendet hat oder
2. infolge eines körperlichen Gebrechens oder Schwäche seiner körperlichen oder geistigen Kräfte zur Erfüllung seiner Amtspflichten unfähig ist oder
3. wenn durch sein Verschulden Umstände vorliegen, durch die seine amtliche Wirksamkeit auch auf einer anderen Stelle nicht bloß vorübergehend gestört wäre, ein Disziplinarverfahren aber wegen Verjährung ausgeschlossen ist.

Artikel 49.

Wird ein Beamter infolge eines körperlichen Gebrechens oder Schwäche seiner körperlichen oder geistigen Kräfte zur Erfüllung seiner Amtspflichten unfähig und ist der Wiedereintritt der Dienstfähigkeit nicht ausgeschlossen, so ist die Versetzung in den Ruhestand zunächst nur auf die Dauer der voraussichtlichen Dienstunfähigkeit zu verfügen.

Artikel 50.

Zum Nachweise der Dienstunfähigkeit eines die Versetzung in den Ruhestand nachsuchenden Beamten ist die Erklärung der ihm unmittelbar vorgesetzten Dienstbehörde erforderlich, daß sie nach pflichtmäßigem

Ermessen die Voraussetzungen für die Versetzung in den Ruhestand für gegeben erachtet.

Nach Lage des Falles können weitere Beweismittel gefordert oder die vorliegenden Beweismittel entgegen der Erklärung der unmittelbar vorgesetzten Behörde für ausreichend erachtet werden.

Artikel 51.

Sucht ein Beamter, bei dem die Voraussetzungen für die Versetzung in den Ruhestand nach Artikel 48 Ziff. 2, 3 als gegeben erachtet werden, nicht selbst um diesen nach, so wird ihm unter Angabe der Gründe schriftlich eröffnet, daß der Fall seiner Versetzung in den Ruhestand vorliege.

Ist eine Verständigung mit dem Beamten nicht möglich und ein gesetzlicher Vertreter für ihn nicht vorhanden, so hat die zuständige Dienstbehörde ihm einen Vertreter zu bestellen. Die Eröffnung nach Abs. 1 hat in diesem Falle an den gesetzlichen Vertreter oder an den ihm bestellten Vertreter zu erfolgen.

Erhebt der Beamte innerhalb einer Frist von zwei Wochen nach der Eröffnung keine Einwendungen, so wird in derselben Weise verfügt, als wenn er seine Versetzung in den Ruhestand selbst nachgesucht hätte.

Erhebt der Beamte gegen die Versetzung in den Ruhestand Einwendungen, so entscheidet das zuständige Staatsministerium und, sofern zur Versetzung in den Ruhestand eine dem Staatsministerium untergebene Behörde zuständig ist, diese Behörde, ob das Verfahren fortzusetzen sei oder nicht. Bejahendenfalls ist ein Beamter zu beauftragen, die streitigen Tatsachen, soweit nötig unter eidlicher Vernehmung von Zeugen und Sachverständigen, zu untersuchen. Der Beamte, der in den Ruhestand versetzt werden soll, darf den Vernehmungen beiwohnen. Er darf mit einem Beistand erscheinen oder einen Vertreter schicken. Über das Ergebnis der Ermittlungen ist er mit seinen Erklärungen und Anträgen zu hören. Auch hiezu darf er mit einem Beistand erscheinen. Ungeeignete Vertreter oder Beistände können zurückgewiesen werden.

Ist die Eröffnung dem gesetzlichen oder bestellten Vertreter gemacht worden, so hat das Staatsministerium oder die zur Versetzung in den Ruhestand zuständige untergebene Behörde darüber, ob das Verfahren fortzusetzen sei oder nicht, auch dann zu entscheiden, wenn Einwendungen nicht erhoben worden sind. Auf das Verfahren finden die Vorschriften des Abs. 4 entsprechende Anwendung.

Nach Schluß der Verhandlungen werden die Akten dem Staatsministerium oder der zur Versetzung in den Ruhestand zuständigen untergebenen Behörde zur Entscheidung darüber vorgelegt, ob die Versetzung in den Ruhestand zulässig ist. Gegen die Entscheidung steht dem Beamten Beschwerde an das Staatsministerium und, wenn die Entscheidung von diesem ausgegangen ist, an den Staatsrat zu. Die Frist zur Einlegung der Beschwerde beträgt zwei Wochen vom Tage der Eröffnung der Entscheidung an gerechnet.

Die baren Auslagen, die durch unbegründete Einwendungen des Beamten oder seines Vertreters erwachsen sind, fallen dem Beamten zur Last, falls ihnen bekannt oder infolge grober Fahrlässigkeit unbekannt war, daß die Einwendungen unbegründet sind.

Artikel 52.

Der Ruhegehalt, den der unwiderrufliche Beamte im Falle seiner Versetzung in den Ruhestand zu beanspruchen hat, beträgt für die ersten zehn Dienstjahre fünfunddreißig vom Hundert und steigt mit dem Antritte jedes weiteren Dienstjahrs bis zum Eintritt in das zwanzigste Dienstjahr jährlich um zwei vom Hundert und vom Eintritt in das einundzwanzigste Dienstjahr an jährlich um eins vom Hundert des pensionsfähigen Diensteinkommens (Artikel 39 Abs. 2).

Der Ruhegehalt darf fünfundsiebzig vom Hundert des pensionsfähigen Diensteinkommens nicht übersteigen.

Für einen einstweilen mit Wartegeld in den Ruhestand versetzten Beamten wird im Falle seiner Versetzung in den zeitlichen oder dauernden Ruhestand der Ruhegehalt aus dem vor seiner einstweiligen Versetzung in den Ruhestand bezogenen pensionsfähigen Diensteinkommen berechnet.

Einem Beamten, der seinen dienstlichen Wohnsitz außerhalb des Königreichs hat, sind bei seiner Versetzung in den Ruhestand die Kosten des Umzugs an den von ihm innerhalb des Königreichs gewählten Wohnort nach der für die Vergütung der Umzugskosten an die Staatsbeamten maßgebenden Verordnung zu ersetzen.

Artikel 53.

Die der Berechnung des Ruhegehalts zugrunde zu legende Dienstzeit wird vom Tage der ersten eidlichen Verpflichtung als Beamter (Artikel 23), sofern jedoch die Eigenschaft eines Beamten im Sinne dieses Gesetzes früher gegeben war, von diesem Zeitpunkt an gerechnet.

Artikel 54.

Bei der Feststellung der Dienstzeit (Artikel 53) wird auch die Zeit gerechnet, während welcher der Beamte

1. mit Bezug von Wartegeld im einstweiligen Ruhestande sich befand oder
2. im Dienste des Reiches oder
3. als anstellungsberechtigte ehemalige Militärperson auf einer ihm später in etatsmäßiger Eigenschaft übertragenen Amtsstelle gleicher Art zunächst auf Probe oder zur probeweisen Dienstleistung verwendet war oder
4. als Staatsdienstaspirant den für die Ernennung zum etatsmäßigen Beamten angeordneten oder zugelassenen Vorbereitungsdienst ableistete.

Artikel 55.

Der Zivildienstzeit wird die Zeit des aktiven Militärdienstes im deutschen Heere oder in der Kaiserlichen

Marine oder bei den Kaiserlichen Schutztruppen sowie die Zeit eines früheren aktiven Militärdienstes in einem zum Deutschen Reiche gehörigen Bundesstaate hinzugerechnet.

Für jeden Krieg, an dem ein Beamter im deutschen Heere, in der Kaiserlichen Marine oder bei den Kaiserlichen Schutztruppen oder in der bewaffneten Macht eines Bundesstaats teilgenommen hat, wird zu der wirklichen Dauer der Dienstzeit ein Jahr (Kriegsjahr) hinzugerechnet; jedoch ist für mehrere in ein Kalenderjahr fallende Kriege die Anrechnung nur eines Kriegsjahrs zulässig.

Wer als Teilnehmer an einem Kriege anzusehen ist, unter welchen Voraussetzungen bei Kriegen von längerer Dauer mehrere Kriegsjahre anzurechnen sind, welche militärische Unternehmungen als ein Krieg im Sinne dieses Gesetzes anzusehen und welche Zeit als Kriegszeit zu rechnen ist, wenn keine Mobilmachung oder Demobilmachung stattgefunden hat, bemißt sich nach den für die Reichsbeamten geltenden Vorschriften und, soweit in der Vergangenheit solche Vorschriften für die Reichsbeamten nicht getroffen wurden, nach den Entschließungen des Königs.

Wieweit die Zeit eines Festungsarrestes oder einer Kriegsgefangenschaft angerechnet werden kann, ist nach den für die Pensionierung der Militärpersonen geltenden gesetzlichen Vorschriften zu bemessen.

Artikel 56.

Bei der Feststellung der Dienstzeit (Artikel 53) kann ganz oder teilweise auch die Zeit gerechnet werden, während welcher der Beamte

1. im Dienste eines anderen deutschen Bundesstaats oder eines dem Deutschen Reiche nicht angehörenden Staates oder
2. als nicht aus der Staatskasse besoldeter Beamter des Staates oder
3. in einem sonstigen öffentlichen Dienste verwendet oder

4. außerhalb des öffentlichen Dienstes tätig war, sofern diese Tätigkeit für die berufliche Ausbildung förderlich ist, oder
5. vor seiner Ernennung im privatrechtlichen Vertragsverhältnisse zum Staate oder zu einem Staatsbeamten Dienst geleistet hat, insofern er mit Aussicht auf dauernde Verwendung ständig und hauptsächlich mit den Dienstverrichtungen eines Beamten betraut war und diese Beschäftigung zu seiner Ernennung zum Beamten geführt hat.

Dem Beamten kann bei seiner Ernennung die volle oder teilweise Anrechnung dieser Zeit (Abs. 1) zugesichert werden.

Artikel 57.

Einem Beamten, dessen Dienstverhältnis nach Artikel 8 Abs. 2 oder nach Artikel 10 gelöst war und der später im Staatsdienste wieder in etatsmäßiger Eigenschaft angestellt wird, kann bei der Feststellung der Dienstzeit (Artikel 53) ganz oder teilweise die vor der Lösung des Dienstverhältnisses zurückgelegte Zivildienstzeit angerechnet werden, sofern sein Ausscheiden nicht durch eine Verletzung seiner dienstlichen Pflichten veranlaßt war.

Die Anrechnung kann einem Beamten, dessen Dienstverhältnis auf sein Ansuchen gelöst wird, bei der Bewilligung der Entlassung zugesichert werden.

Artikel 58.

Nicht gerechnet wird die Zivil- und Militärdienstzeit, die der Beamte vor Vollendung des einundzwanzigsten Lebensjahrs zurückgelegt hat. Nur im Kriegsfalle wird die Militärdienstzeit vom Beginne des Krieges, beim Eintritt in den Militärdienst während des Krieges vom Tage des Eintritts an nach der Vorschrift des Artikel 55 ohne Rücksicht auf das Lebensalter angerechnet.

Artikel 59.

Hat der in den Ruhestand versetzte Beamte aus einem früheren Dienstverhältnis einen Anspruch auf Wartegeld, Ruhegehalt oder auf einen ähnlichen Bezug gegenüber dem Reiche, einem anderen Staate, einer Gemeinde, Religions- oder Kirchengesellschaft oder sonstigen Körperschaft, Stiftung oder Anstalt des öffentlichen Rechtes, so wird der Ruhegehalt nach der gesamten Dienstzeit (Artikel 53 bis 58) berechnet, die sich unter Einrechnung der Zeit des früheren Dienstverhältnisses ergeben würde, und sodann um den Betrag des in dem früheren Dienstverhältnis erworbenen Bezugs gekürzt.

Artikel 60.

Bezieht der in den Ruhestand versetzte Beamte auf Grund der Unfallversicherungsgesetze eine Rente aus der Staatskasse, so wird der Ruhegehalt um den Betrag der Unfallrente gekürzt. In besonderen Fällen kann durch das dem Beamten vorgesetzte Staatsministerium von dieser Kürzung ganz oder teilweise Abstand genommen werden.

Den Beamten der Bergwerks-, Hütten- und Salinenverwaltung, für die der Staat als Werksbesitzer Beiträge in der Höhe der Mitgliederbeiträge geleistet hat, wird auf den nach diesem Gesetze sich berechnenden Ruhegehalt die Hälfte des Bezugs aus der Knappschaftskasse angerechnet.

Artikel 61.

Beamten, die Mitglieder einer Kreispensionsanstalt für dienstunfähige Lehrpersonen im Sinne des Artikel 18 Abs. 2 des Schulbedarfgesetzes vom 28. Juli 1902 sind, wird neben dem nach dem gegenwärtigen Gesetze sich berechnenden Ruhegehalte der nach den Satzungen der Kreispensionsanstalt sich berechnende Ruhegehalt soweit gewährt, als dieser den nach dem gegenwärtigen Gesetze sich berechnenden Ruhegehalt übersteigt.

Artikel 62.

Der Anspruch auf den Ruhegehalt beginnt mit dem Zeitpunkte, von dem an die Versetzung in den Ruhestand verfügt wird. Endigt die Dienstleistung in einem späteren Zeitpunkte, so beginnt der Anspruch auf den Ruhegehalt mit diesem Zeitpunkte.

Fällt dieser Zeitpunkt nicht auf den Ersten eines Monats, so beginnt die Zahlung des Ruhegehalts am Ersten des nächsten Monats. Bis dahin bezieht der in den Ruhestand versetzte Beamte noch seinen Gehalt, auch wenn er bereits seiner Dienstleistung enthoben ist.

Hat der Beamte seinen Gehalt über diesen Zeitpunkt (Abs. 1, 2) hinaus bezogen, so hat er den zuviel bezogenen Betrag zurückzuerstatten oder sich auf den Ruhegehalt oder auf anderweitige Bezüge aus der Staatskasse anrechnen zu lassen.

Artikel 63.

Der Ruhegehalt wird monatlich vorausgezahlt.

Artikel 64.

Der infolge eines körperlichen Gebrechens oder wegen Schwäche seiner körperlichen oder geistigen Kräfte zeitlich oder dauernd in den Ruhestand versetzte Beamte kann unter den gleichen Voraussetzungen, unter denen nach dem Artikel 9 Abs. 1 einem unwiderruflichen Beamten eine andere Amtsstelle übertragen werden kann, wieder zur Dienstleistung berufen werden, wenn er seine Dienstfähigkeit wieder erlangt und das fünfundsechzigste Lebensjahr noch nicht überschritten hat.

Kann ein zeitlich in den Ruhestand versetzter Beamter nach Wiedererlangung seiner Dienstfähigkeit nicht sofort auf einer geeigneten Amtsstelle wieder angestellt werden, so wird er bis zum Eintritte dieser Möglichkeit unter Fortgewährung seines Ruhegehalts im zeitlichen Ruhestande belassen.

Artikel 65.

Der Anspruch auf den Ruhegehalt erlischt:

1. wenn der Beamte nach Maßgabe des Artikel 64 im Staatsdienste wieder angestellt wird;
2. wenn er rechtskräftig zu einer Strafe verurteilt ist, die, wenn er im Zeitpunkte der Rechtskraft noch im Dienste gewesen wäre, kraft des Gesetzes den Verlust des Amtes zur Folge gehabt hätte, oder wenn ihm durch Urteil des Disziplinargerichts der Anspruch auf den Ruhegehalt rechtskräftig aberkannt worden ist;
3. mit Ablauf des Monats, in dem er stirbt.

Artikel 66.

Der Anspruch auf den Ruhegehalt ruht:

1. wenn der Beamte die deutsche Reichsangehörigkeit verliert, bis zu ihrer Wiedererlangung;
2. solange er aus der Verwendung in dem Reichs-, Staats- oder einem sonstigen öffentlichen Dienste ein Einkommen bezieht, soweit, als der Betrag dieses Einkommens unter Hinzurechnung des Ruhegehalts den Betrag des vor seiner Ruhestandsversetzung bezogenen Gehalts übersteigt. Erdient der Beamte in der neuen Stellung einen Ruhegehalt, ein Wartegeld oder einen ähnlichen Bezug, so findet daneben der Bezug des ursprünglichen Ruhegehalts nur bis zur Erreichung des Betrags statt, der sich nach Maßgabe der gesamten Dienstzeit (Artikel 53 bis 58) aus dem der Festsetzung des ursprünglichen Ruhegehalts zugrunde gelegten pensionsfähigen Diensteinkommen berechnet.

Artikel 67.

Die Einziehung oder Kürzung des Ruhegehalts tritt mit Schluß des Monats ein, in dem das die Einziehung oder Kürzung bedingende Ereignis sich vollzogen hat. Vollzieht sich dieses Ereignis am ersten Tage eines Monats, so tritt, abgesehen von dem Falle des Artikel 65 Ziff. 3, die Einziehung oder Kürzung mit dem Beginne dieses Monats ein.

Die Wiedergewährung des Ruhegehalts tritt mit dem Beginne des Monats ein, in dem das die Wiedergewährung bedingende Ereignis sich vollzogen hat.

Hat der in den Ruhestand versetzte Beamte den Ruhegehalt über den in Abs. 1 bezeichneten Zeitpunkt hinaus bezogen, so hat er den zuviel bezogenen Betrag zurückzuerstatten oder sich auf anderweitige Bezüge aus der Staatskasse anrechnen zu lassen.

Artikel 68.

Die widerruflichen etatsmäßigen Beamten können auf Grund eintretender Dienstunfähigkeit in den Ruhestand versetzt werden. In diesem Falle kann ihnen in widerruflicher Weise ein Ruhegehalt bis zur Höhe des nach den vorstehenden Bestimmungen sich berechnenden Betrags gewährt werden.

C. Gemeinsame Bestimmungen.

Artikel 69.

Die Versetzung in den Ruhestand wird, sofern der Beamte durch den König ernannt wurde, durch den König, außerdem durch die zur Ernennung zuständige Stelle verfügt.

Artikel 70.

Die in den Ruhestand versetzten Beamten sind zur Weiterführung ihres bisherigen Amtstitels mit dem Beisatz „außer Dienst“ befugt. Auch kann ihnen das Weitertragen der Dienstabzeichen gestattet werden. Die Befugnis des Beamten zur Führung eines anderen ihm verliehenen Titels bleibt unberührt.

Die Erlaubnis zum Weitertragen der Dienstabzeichen kann jederzeit zurückgenommen werden. Ebenso kann den widerruflichen Beamten jederzeit die Befugnis zur Weiterführung des Titels entzogen werden. Den unwiderruflichen Beamten kann die Befugnis zur

Weiterführung des Titels nur im Wege des Disziplinarverfahrens entzogen werden.

Artikel 71.

Die Festsetzung des Wartegeldes oder Ruhegehalts erfolgt durch die zuständigen Staatsministerien im Benehmen mit dem Staatsministerium der Finanzen. Die Staatsministerien können diese Befugnis einer untergebenen Behörde übertragen.

Der Jahresbetrag des Wartegeldes und des Ruhegehalts ist nach oben so abzurunden, daß bei Teilung durch drei sich volle Markbeträge ergeben.

V. Abschnitt.

Fürsorge für die Hinterbliebenen der etatsmäßigen Beamten.

A. Sterbegehalt.

Artikel 72.

Die Witwe und die ehelichen oder legitimierten Kinder eines etatsmäßigen Beamten erhalten für das auf den Sterbemonat folgende Vierteljahr noch den vollen Betrag des von dem Beamten bezogenen Gehalts (Artikel 26), Wartegeldes (Artikel 39, 46) oder Ruhegehalts (Artikel 52, 68), abzüglich des bereits zu Lebzeiten des Beamten erhobenen Teilbetrags als Sterbegehalt.

In Ermangelung solcher Hinterbliebener kann der Sterbegehalt ganz oder teilweise auch dann gewährt werden, wenn der Verstorbene Eltern, Großeltern, Geschwister, Geschwisterkinder, Enkel, Adoptiv-, Stief- oder Pflegekinder, deren Ernährer er war, in Bedürftigkeit hinterläßt oder wenn der Nachlaß nicht ausreicht, die Kosten der letzten Krankheit und der Beerdigung zu decken.

An wen die Zahlung des Sterbegehalts rechtsgültig zu leisten und wie er unter mehrere Anspruchsberechtigte (Abs. 1) oder Beteiligte (Abs. 2) zu verteilen ist, bestimmt die Staatsregierung mit Ausschluß des Rechtswegs.

Der Sterbegehalt kann weder abgetreten noch verpfändet werden.

B. Witwen- und Waisengeld.

Artikel 73.

Die Witwe und die ehelichen oder legitimierten Kinder eines unwiderruflichen Beamten, der zur Zeit seines Todes im Genuß eines Ruhegehalts stand oder hiezu berechtigt gewesen wäre, erhalten Witwen- und Waisengeld nach Maßgabe der folgenden Vorschriften.

Artikel 74.

Das Witwengeld beträgt jährlich vierzig vom Hundert des Ruhegehalts, zu dessen Bezug der verstorbene Beamte berechtigt gewesen ist oder berechtigt gewesen sein würde, wenn er am Todestag in den Ruhestand versetzt worden wäre. Der Berechnung des Witwengeldes darf jedoch in keinem Falle ein höherer Betrag als fünfundsiebzig vom Hundert des pensionsfähigen Diensteinkommens des Beamten (Artikel 39 Abs. 2) zugrunde gelegt werden.

Das Witwengeld soll, unbeschadet der Vorschrift des Artikel 76, mindestens jährlich dreihundert Mark betragen.

Beziehen die Witwen oder Waisen auf Grund der Unfallversicherungsgesetze eine Witwen- oder Kinderrente aus der Staatskasse, so werden das Witwen- und Waisengeld je um den Betrag dieser Rente gekürzt.

Im Falle der Wiederverheiratung kann der Witwe auf Ansuchen eine einmalige Beihilfe bis zum fünffachen Jahresbetrage des Witwengeldes (Abs. 1) gewährt werden.

Artikel 75.

Das Waisengeld beträgt jährlich:

1. für jedes Kind, dessen Mutter noch lebt und zur Zeit des Todes des Beamten zum Bezuge von

Witwengeld berechtigt war, ein Fünftel des Witwengeldes;

2. für jedes Kind, dessen Mutter nicht mehr lebt oder zur Zeit des Todes des Beamten zum Bezuge von Witwengeld nicht berechtigt war, ein Drittel des Witwengeldes.

Artikel 76.

Witwen- und Waisengeld dürfen zusammen den Betrag des Ruhegehalts nicht übersteigen, zu dessen Bezug der Verstorbene berechtigt gewesen ist oder berechtigt gewesen sein würde, wenn er am Todestag in den Ruhestand versetzt worden wäre. Die Bestimmung des Artikel 74 Abs. 1 Satz 2 findet entsprechende Anwendung.

Ergibt sich an Witwen- und Waisengeld zusammen ein höherer Betrag, so werden die einzelnen Sätze im gleichen Verhältnisse gekürzt.

Nach dem Ausscheiden eines Witwen- oder Waisengeld-Berechtigten erhöht sich das Witwen- oder Waisengeld der verbleibenden Berechtigten vom Beginne des folgenden Monats an soweit, als sie sich noch nicht im vollen Genusse der ihnen nach den Artikeln 74, 75 und dem Artikel 76 Abs. 1 gebührenden Beträge befinden. Das Gleiche gilt im Falle des Artikel 86 Abs. 1 Ziff. 1 für die Dauer des vorübergehenden Ausscheidens eines Bezugsberechtigten.

Artikel 77.

War die Witwe mehr als fünfzehn Jahre jünger als der verstorbene Beamte, so wird das nach Maßgabe des Artikel 74 und des Artikel 76 Abs. 1, 2 berechnete Witwengeld für jedes angefangene Jahr des Altersunterschieds über fünfzehn bis einschließlich fünfundzwanzig Jahre um ein Zwanzigstel gekürzt. Nach fünfjähriger Dauer der Ehe wird für jedes angefangene Jahr ihrer weiteren Dauer dem gekürzten Betrag ein Zehntel des nach Maßgabe des Artikel 74 und des Artikel 76 Abs. 1, 2 sich berechnenden Witwengeldes so lange hinzugesetzt, bis der volle Betrag wieder erreicht ist.

Die Kürzung unterbleibt, soweit hiedurch das Witwengeld unter den Jahresbetrag von 300 ℳ herabsinken würde.

Auf den nach dem Artikel 75 zu berechnenden Betrag des Waisengeldes ist diese Kürzung des Witwengeldes ohne Einfluß.

Artikel 78.

Liegen die Voraussetzungen einer Kürzung sowohl nach dem Artikel 76 als auch nach dem Artikel 77 vor, so ist zunächst das Witwen- und Waisengeld nach dem Artikel 76 und erst dann das Witwengeld nach dem Artikel 77 zu kürzen, demnächst aber der gemäß dem Artikel 77 an dem Witwengelde gekürzte Betrag dem nach dem Artikel 76 gekürzten Waisengelde bis zur Erreichung des vollen Betrags zuzusetzen.

Artikel 79.

Den Hinterbliebenen der Beamten der Bergwerks-, Hütten- und Salinenverwaltung, für die der Staat als Werksbesitzer Beiträge in der Höhe der Mitgliederbeiträge geleistet hat, wird auf das nach diesem Gesetze sich berechnende Witwen- und Waisengeld die Hälfte des Bezugs aus der Knappschaftskasse angerechnet.

Artikel 80.

Ist ein Beamter, dessen Hinterbliebenen im Falle seines Todes auf Grund dieses Gesetzes Witwen- und Waisengeld zustehen würde, verschollen, so kann den Hinterbliebenen das Witwen- und Waisengeld in widerruflicher Weise bereits vor der Todeserklärung gewährt werden, wenn das Ableben des verschollenen Beamten mit hoher Wahrscheinlichkeit anzunehmen ist. Den Tag, von welchem an in diesem Falle die Zahlung des Witwen- und Waisengeldes beginnt, bestimmt die zur Gewährung zuständige Behörde (Artikel 83).

Artikel 81.

Keinen Anspruch auf Witwen- und Waisengeld haben die Witwe und die hinterbliebenen Kinder eines Beamten aus einer Ehe, die erst nach der Versetzung des Beamten in den dauernden Ruhestand geschlossen worden ist.

Artikel 82.

Der Anspruch auf Witwen- und Waisengeld beginnt mit dem Ablaufe der Zeit, für die der Sterbegehalt (Artikel 72) verabfolgt wurde, für Waisen, die erst nach Ablauf dieser Zeit geboren wurden, mit dem Beginne des Monats der Geburt.

Artikel 83.

Die Festsetzung des Witwen- und Waisengeldes und die Bestimmung darüber, an wen die Zahlung zu leisten ist, sowie die Bewilligung der einmaligen Beihilfen (Artikel 74 Abs. 4) erfolgt durch die zuständigen Staatsministerien im Benehmen mit dem Staatsministerium der Finanzen. Die Staatsministerien können diese Befugnis einer untergebenen Behörde übertragen.

Der Jahresbetrag des Witwen- und Waisengeldes ist nach oben so abzurunden, daß bei Teilung durch drei sich volle Markbeträge ergeben. Im Falle einer nach den Artikeln 76, 77 oder nach beiden Bestimmungen zugleich vorzunehmenden Kürzung findet die Abrundung erst nach Vornahme dieser Kürzung statt.

Artikel 84.

Das Witwen- und Waisengeld wird monatlich vorausgezahlt.

Artikel 85.

Der Anspruch auf Witwen- und Waisengeld erlischt:

1. für jeden Berechtigten mit dem Ablaufe des Monats, in dem er sich verheiratet oder stirbt;
2. für jede Waise mit dem Ablaufe des Monats, in dem sie das einundzwanzigste Lebensjahr vollendet.

Artikel 86.

Der Anspruch auf Witwen- und Waisengeld ruht:

1. wenn der Berechtigte die deutsche Reichsangehörigkeit verliert, bis zu ihrer Wiedererlangung;
2. wenn einem Hinterbliebenen aus einer anderweitigen Verwendung des verstorbenen Beamten im Staats- oder einem sonstigen öffentlichen Dienste eine Versorgung zusteht, soweit, als das Witwen- und Waisengeld unter Hinzurechnung dieser anderweitigen Versorgung den Betrag überschreitet, den der Hinterbliebene nach den Vorschriften dieses Gesetzes unter Zugrundelegung desjenigen Betrags zu beziehen hätte, der dem verstorbenen Beamten nach dem Artikel 66 Ziff. 2 Satz 2 gezahlt wurde oder zu zahlen gewesen wäre;
3. bei der Ernennung zum Beamten (Artikel 1) oder bei einer sonstigen Verwendung in dem Staats- oder einem anderen öffentlichen Dienste, wenn das Diensteinkommen nach Abzug der etwa zur Bestreitung eines Dienstaufwandes bestimmten Summe für die Witwe den Jahresbetrag von 2000 ℳ und für eine Waise den Jahresbetrag von 1000 ℳ übersteigt, in der Höhe des Mehrbetrags. Erdient die Witwe aus dieser Verwendung eine Pension oder ähnliche Versorgung, die den Jahresbetrag von 1500 ℳ übersteigt, so ruht das nach diesem Gesetze sich berechnende Witwengeld in dem Betrag, um den die anderweitige Pension oder Versorgung die Summe von 1500 ℳ übersteigt.

Auf die Einziehung und Wiedergewährung des Witwen- und Waisengeldes finden die Vorschriften des Artikel 67 entsprechende Anwendung.

Artikel 87.

Die Witwe und die ehelichen oder legitimierten Kinder eines widerruflichen etatsmäßigen Beamten erhalten Witwen- und Waisengeld nach Maßgabe der vorstehenden Vorschriften (Artikel 74 bis 86), wenn der verstorbene Beamte im Zeitpunkte seines Todes auf Grund der Artikel 46, 68 im Genuß eines Wartegeldes oder Ruhegehalts stand oder wenn ihm nach Artikel 68 ein Ruhegehalt hätte gewährt werden können, falls er im Zeitpunkte seines Todes in den Ruhestand versetzt worden wäre.

Der Bemessung des Witwen- und Waisengeldes ist der volle Betrag des Ruhegehalts zugrunde zu legen, der sich für den verstorbenen Beamten auf Grund der Vorschriften der Artikel 52 bis 61 berechnet hätte, auch wenn dem Beamten selbst auf Grund des Artikel 68 ein geringerer Ruhegehalt bewilligt war.

Artikel 88.

Im Falle der Erwerbsunfähigkeit und Unterstützungsbedürftigkeit können den hinterbliebenen ehelichen und legitimierten Kindern eines etatsmäßigen Beamten (Artikel 73, 87), die das einundzwanzigste Lebensjahr bereits vollendet haben und ledigen Standes sind, fortlaufende Unterhaltsbeiträge bis zur Höhe des Waisengeldes gewährt werden, das sich bei Anwendung der Vorschriften dieses Gesetzes berechnet.

Die Bewilligung dieser Unterhaltsbeiträge erfolgt durch das zuständige Staatsministerium im Benehmen mit dem Staatsministerium der Finanzen.

VI. Abschnitt.

Unfallfürsorge.

A. Fürsorge bei Betriebsunfällen, die in reichsgesetzlich der Unfallversicherung unterliegenden Betrieben eintreten.

Artikel 89.

Beamte, die in reichsgesetzlich der Unfallversicherung unterliegenden Betrieben beschäftigt sind, erhalten, wenn sie infolge eines im Dienste erlittenen Betriebsunfalls dauernd dienstunfähig werden, als Ruhegehalt sechsundsechzig zwei Drittel vom Hundert ihres jährlichen Diensteinkommens.

Sind solche Beamte infolge eines im Dienste erlittenen Betriebsunfalls nicht dauernd dienstunfähig geworden, aber in ihrer Erwerbsfähigkeit beeinträchtigt worden, so erhalten sie bei ihrer Entlassung aus dem Dienste als Ruhegehalt:

1. im Falle völliger Erwerbsunfähigkeit für deren Dauer den im ersten Absatze bezeichneten Betrag;
2. im Falle teilweiser Erwerbsunfähigkeit für deren Dauer denjenigen Teil des vorstehend bezeichneten Ruhegehalts, der dem Maße der durch den Unfall herbeigeführten Einbuße an Erwerbsfähigkeit entspricht.

Ist der Verletzte infolge des Unfalls nicht nur völlig dienst- oder erwerbsunfähig, sondern auch derart hilflos geworden, daß er ohne fremde Wartung und Pflege nicht bestehen kann, so ist für die Dauer dieser Hilflosigkeit der Ruhegehalt bis zum vollen Betrage des Diensteinkommens zu erhöhen.

Solange der Verletzte aus Anlaß des Unfalls tatsächlich und unverschuldet arbeitslos ist, kann in den Fällen des Abs. 2 Ziff. 2 der Ruhegehalt bis zum vollen Betrage des Abs. 1 vorübergehend erhöht werden.

Steht dem Verletzten nach den allgemeinen Vorschriften (Artikel 52 ff.) ein höherer Betrag zu, so erhält er diesen.

Dem Verletzten sind außerdem die Kosten des Heilverfahrens (§ 9 Ab. 1 Ziff. 1 des Gewerbeunfallversicherungsgesetzes) zu ersetzen.

Artikel 90.

Die Hinterbliebenen solcher in dem Artikel 89 bezeichneten Personen, die infolge eines im Dienste erlittenen Betriebsunfalls gestorben sind, erhalten:

1. als Sterbegeld, sofern ihnen nicht nach dem Artikel 72 Anspruch auf Sterbegehalt zusteht, den Betrag des einmonatigen Diensteinkommens oder

des einmonatigen Ruhegehalts des Verstorbenen, jedoch mindestens fünfzig Mark;

2. eine Rente. Diese beträgt jährlich:
   a) für die Witwe bis zu ihrem Tode oder ihrer Wiederverheiratung, ebenso für jedes Kind bis zum Ablaufe des Monats, in dem es das einundzwanzigste Lebensjahr vollendet, oder bis zur etwaigen früheren Verheiratung zwanzig vom Hundert des jährlichen Diensteinkommens des Verstorbenen, jedoch für die Witwe nicht unter dreihundert Mark und für jedes Kind nicht unter einhundertsechzig Mark;
   b) für Verwandte der aufsteigenden Linie, wenn ihr Lebensunterhalt ganz oder überwiegend durch den Verstorbenen bestritten worden war, bis zum Wegfalle der Bedürftigkeit insgesamt zwanzig vom Hundert des Diensteinkommens des Verstorbenen, jedoch nicht unter einhundertsechzig Mark und nicht mehr als eintausendsechshundert Mark; sind mehrere Berechtigte dieser Art vorhanden, so wird die Rente den Eltern vor den Großeltern gewährt;
   c) für elternlose Enkel, falls ihr Lebensunterhalt ganz oder überwiegend durch den Verstorbenen bestritten worden war, im Falle der Bedürftigkeit bis zum Ablaufe des Monats, in dem sie das achtzehnte Lebensjahr vollenden oder bis zur etwaigen früheren Verheiratung insgesamt zwanzig vom Hundert des Diensteinkommens des Verstorbenen, jedoch nicht unter einhundertsechzig Mark und nicht mehr als eintausendsechshundert Mark.

Die Renten dürfen zusammen sechzig vom Hundert des Diensteinkommens nicht übersteigen. Ergibt sich ein höherer Betrag, so haben die Verwandten der aufsteigenden Linie nur soweit einen Anspruch, als durch die Renten der Witwe und der Kinder der Höchstbetrag der Renten nicht erreicht wird, die Enkel nur soweit, als der Höchstbetrag der Renten nicht für Ehegatten, Kinder oder Verwandte der aufsteigenden Linie in Anspruch genommen wird. Soweit die Renten der Witwe und der Kinder den zulässigen Höchstbetrag überschreiten, werden die einzelnen Renten in gleichem Verhältnisse gekürzt. Beim Ausscheiden eines Berechtigten erhöht sich die Rente der verbleibenden Berechtigten von dem nächstfolgenden Monat an soweit, als sie sich noch nicht im vollen Genusse der ihnen nach vorstehenden Vorschriften gebührenden Beträge befinden.

Steht nach den allgemeinen Vorschriften (Artikel 73 ff.) einem der Hinterbliebenen ein höherer Betrag zu, so erhält er diesen.

Der Anspruch der Witwe ist ausgeschlossen, wenn die Ehe erst nach dem Unfalle geschlossen worden ist. Bei inmitte liegenden besonderen Verhältnissen kann jedoch auch in diesem Falle eine Witwenrente gewährt werden.

Im Falle der Wiederverheiratung kann der Witwe auf Ansuchen eine einmalige Beihilfe bis zum fünffachen Jahresbetrage der Witwenrente (Abs. 1 Ziff. 2a) gewährt werden.

Artikel 91.

Die Fürsorge erstreckt sich auf die Folgen von Unfällen bei häuslichen und anderen Diensten, zu denen die in dem Artikel 89 bezeichneten Personen neben der Beschäftigung im Betriebe von ihren Vorgesetzten herangezogen werden.

Artikel 92.

Bei der Festsetzung der nach den Artikeln 89 bis 91 zu gewährenden Bezüge wird der Berechnung des Diensteinkommens das gesamte von dem Beamten zuletzt bezogene dienstliche Einkommen nach Maßgabe der folgenden Vorschriften zugrunde gelegt:

1. Feststehende Nebenbezüge werden mit ihrem vollen Betrag eingerechnet, soweit nicht in den

Etats eine anderweitige Bestimmung getroffen ist. Freie Dienstwohnungen kommen mit ihrem festgesetzten Werte zur Anrechnung.

2. Einkommensbestandteile, die ihrer Natur nach steigend und fallend sind, wie Fahrgelder, Materialersparnisprämien, werden nur, soweit sie als pensionsfähig erklärt sind, zur Anrechnung gebracht, und zwar nach den in der Gehaltsordnung, in den Etats oder sonst bei Verleihung des Anspruchs auf diese Bezüge deshalb getroffenen Festsetzungen oder in Ermanglung solcher Festsetzungen nach ihrem durchschnittlichen Betrage während der drei letzten Rechnungsjahre vor dem Rechnungsjahr, in dem der Ruhegehalt oder die Rente festgesetzt wird. Stand der Verunglückte noch nicht während dreier voller Rechnungsjahre im Genusse der angeführten Einkommensbestandteile, so ist der dreijährige Durchschnitt der von einem anderen, in der gleichen Dienstgruppe im regelmäßigen Dienste verwendeten Beamten bezogenen Einkommensbestandteile zugrunde zu legen. War der Verunglückte im letzten Rechnungsjahre längere Zeit durch den Unfall dienstunfähig, so ist der Durchschnittsbetrag anzunehmen, der sich ergeben würde, wenn der Verunglückte auch während der Zeit der Dienstunfähigkeit regelmäßig Dienst geleistet hätte.

3. Die zur Bestreitung von Dienstaufwands- und Repräsentationskosten bestimmten Einkünfte sowie die Ortszulagen der Auslandsbeamten kommen nicht zur Anrechnung.

4. Bloß zufällige Diensteinkünfte, wie Tagegelder für Dienstreisen, widerrufliche Gewinnanteile, außerordentliche Remunerationen, kommen gleichfalls nicht zur Anrechnung.

Artikel 93.

Erreicht das jährliche Diensteinkommen nicht den dreihundertfachen Betrag des für den Beschäftigungsort festgesetzten ortsüblichen Taglohns gewöhnlicher erwachsener Tagarbeiter (§ 8 des Krankenversicherungsgesetzes), so ist dieser Betrag der Berechnung zugrunde zu legen.

Bleibt der nach Abs. 1 zugrunde zu legende Betrag hinter dem Jahresarbeitsverdienste zurück, den während des letzten Jahres vor dem Unfalle Personen bezogen haben, die mit Arbeiten derselben Art in demselben Betrieb oder in benachbarten gleichartigen Betrieben beschäftigt waren, so ist dieser Jahresarbeitsverdienst der Berechnung der Rente zugrunde zu legen.

Der eintausendfünfhundert Mark übersteigende Betrag kommt nur zu einem Drittel zur Anrechnung.

Bleibt bei den Beamten im Sinne des Artikel 89, die nicht mit Pensionsberechtigung angestellt sind, die nach vorstehenden Vorschriften der Berechnung zugrunde zu legende Summe unter dem niedrigsten Diensteinkommen derjenigen Stellen, in denen solche Beamte nach den bestehenden Grundsätzen zuerst mit Pensionsberechtigung angestellt werden können, so ist der letztere Betrag der Berechnung zugrunde zu legen.

Artikel 94.

Ist das der Berechnung der Hinterbliebenenrente zugrunde zu legende Diensteinkommen infolge eines früher erlittenen, nach den reichsgesetzlichen Vorschriften über Unfallversicherung oder nach den Vorschriften über Unfallfürsorge entschädigten Unfalls geringer als der vor diesem Unfalle bezogene Lohn oder das vor diesem Unfalle bezogene Diensteinkommen, so ist die aus Anlaß des früheren Unfalls bei Lebzeiten bezogene Rente oder der aus diesem Anlasse bezogene Ruhegehalt dem Diensteinkommen bis zur Höhe des der früheren Entschädigung zugrunde gelegten Jahresarbeitsverdienstes oder Diensteinkommens hinzuzurechnen.

Artikel 95.

Der Anspruch auf Ruhegehalt (Artikel 89) beginnt mit dem Wegfalle des Diensteinkommens, der Anspruch auf Hinterbliebenenrente (Artikel 90) mit dem Ablaufe der Zeit, für die der Sterbegehalt bezogen wurde, oder, soweit ein solcher nicht gewährt wird, mit dem Ablaufe der Zeit, für die nach dem Artikel 90 Abs. 1 Ziff. 1 das Diensteinkommen oder der Ruhegehalt weiter bezogen worden ist.

Der Anspruch auf Ruhegehalt (Artikel 89) erlischt mit dem Ablaufe des Monats, in dem der Beamte stirbt oder die der Bewilligung zugrunde liegenden Voraussetzungen ihr Ende erreicht haben.

Der Anspruch auf Hinterbliebenenrente (Artikel 90) erlischt für jeden Berechtigten mit dem Ablaufe des Monats, in dem er sich verheiratet oder stirbt. Außerdem erlischt der Anspruch auf diese Renten:

1. für jedes Kind mit dem Ablaufe des Monats, in dem es das einundzwanzigste Lebensjahr vollendet.
2. für die Verwandten der aufsteigenden Linie und für die elternlosen Enkel mit dem Ablaufe des Monats, in dem die Voraussetzung der Bedürftigkeit in Wegfall gekommen ist oder die elternlosen Enkel das achtzehnte Lebensjahr vollendet haben.

Gehört der Verletzte auf Grund gesetzlicher oder statutarischer Verpflichtung einer Krankenkasse oder der Gemeinde-Krankenversicherung an, so wird bis zum Ablaufe der dreizehnten Woche nach dem Eintritte des Unfalls der Ruhegehalt und der Ersatz der Kosten des Heilverfahrens um den Betrag der von der Krankenkasse oder der Gemeinde-Krankenversicherung geleisteten Krankenunterstützung gekürzt. Der Anspruch auf das Sterbegeld und vom Beginne der vierzehnten Woche ab auch der Anspruch auf den Ruhegehalt sowie auf den Ersatz der Kosten des Heilverfahrens geht bis zum Betrage des von der Krankenkasse gezahlten Sterbegeldes oder bis zum Betrage der von ihr gewährten weiteren Krankenunterstützung auf die Krankenkasse über. Als Wert der freien ärztlichen Behandlung, der Arznei und der Heilmittel (§ 6 Abs. 1 Ziff. 1 des Krankenversicherungsgesetzes) gilt die Hälfte des gesetzlichen Mindestbetrags des Krankengeldes

Artikel 96.

Ein Anspruch auf die in den Artikeln 89 bis 91 bezeichneten Bezüge besteht nicht, wenn der Verletzte den Unfall vorsätzlich oder durch ein Verschulden herbeigeführt hat, wegen dessen auf Dienstentlassung oder auf Verlust des Titels und Ruhegehaltsanspruchs gegen ihn erkannt oder wegen dessen ihm die Fähigkeit zur Beschäftigung in einem öffentlichen Dienstzweig aberkannt worden ist. Die Verhängung der Dienstentlassung mit der Wirkung des Verlustes des Anspruchs auf Unfallfürsorge erfolgt auch hinsichtlich der widerruflichen Beamten nach den für die Dienstentlassung der unwiderruflichen Beamten maßgebenden Vorschriften (Artikel 118 ff.).

Der Anspruch kann, auch ohne daß ein Urteil der bezeichneten Art ergangen ist, ganz oder teilweise abgelehnt werden, falls das Verfahren wegen des Todes oder der Abwesenheit des Betreffenden oder aus einem anderen in seiner Person liegenden Grunde nicht durchgeführt werden kann.

Artikel 97.

Ansprüche auf Grund der Artikel 89 bis 91 sind, soweit ihre Feststellung nicht von Amts wegen erfolgt, bei Vermeidung des Ausschlusses vor Ablauf von zwei Jahren nach dem Eintritte des Unfalls bei der dem Verletzten unmittelbar vorgesetzten Dienstbehörde anzumelden. Die Frist gilt auch dann als gewahrt, wenn die Anmeldung bei der für den Wohnort des Entschädigungsberechtigten zuständigen unteren Verwaltungsbehörde erfolgt ist. In solchem Falle ist die Anmeldung unverzüglich an die zuständige Behörde abzugeben und der Beteiligte davon zu benachrichtigen.

Nach Ablauf dieser Frist ist der Anmeldung nur dann eine Folge zu geben, wenn zugleich glaubhaft bescheinigt wird, daß eine den Anspruch begründende Folge des Unfalls erst später bemerkbar geworden oder daß der Berechtigte von der Verfolgung seines Anspruchs durch außerhalb seines Willens liegende Verhältnisse abgehalten worden ist, und wenn die Anmeldung innerhalb dreier Monate, nachdem eine Unfallfolge bemerkbar geworden oder das Hindernis für die Anmeldung weggefallen war, erfolgt ist.

Jeder Unfall, der von Amts wegen oder durch Anmeldung der Beteiligten einer vorgesetzten Dienstbehörde bekannt wird, ist sofort zu untersuchen. Den Beteiligten ist Gelegenheit zu geben, selbst oder durch Vertreter ihre Interessen bei der Untersuchung zu wahren.

Artikel 98.

Soweit vorstehend nichts anderes bestimmt ist, finden auf die nach den Artikeln 89 bis 91 zu gewährenden Bezüge die für die Beteiligten geltenden allgemeinen Vorschriften über Ruhegehalte der Beamten (Artikel 52 ff.) und über die Fürsorge für die Witwen und Waisen (Artikel 73 ff.) Anwendung. Auf die Bezüge von Verwandten der aufsteigenden Linie und von Enkeln finden diese Vorschriften entsprechende Anwendung.

Die nach den Artikeln 89 bis 91 zu gewährenden Bezüge treten an die Stelle des Ruhegehalts und des Witwen- und Waisengeldes, die den Beteiligten auf Grund der Artikel 47 ff., 73 ff. zustehen, soweit nicht die letzteren Beträge die nach Maßgabe der Artikel 89 bis 91 zu gewährenden Bezüge übersteigen (Artikel 89 Abs. 5 und Artikel 90 Abs. 3).

Artikel 99.

Die in den Artikeln 89, 90 bezeichneten Personen können, auch wenn sie einen Anspruch auf Ruhegehalt oder Rente nicht haben, wegen eines im Dienste erlittenen Betriebsunfalls gegen den bayerischen Staat weitere Ansprüche, als sie ihnen nach diesem Gesetze zustehen, nicht geltend machen.

Artikel 100.

Die in den Artikeln 89, 90 bezeichneten Personen können, auch wenn sie einen Anspruch auf Ruhegehalt oder Rente nicht haben, wegen eines im Dienste erlittenen Betriebsunfalls aus bayerischen Landesgesetzen gegen die im § 10 des Reichs-Unfallfürsorgegesetzes vom 18. Juni 1901 aufgeführten Personen einen Anspruch auf Schadensersatz nur nach Maßgabe der §§ 10, 11 dieses Reichsgesetzes geltend machen.

Steht den in den Artikeln 89, 90 bezeichneten Personen wegen eines im Dienste erlittenen Betriebsunfalls auf Grund der Reichsgesetze oder der bayerischen Landesgesetze ein Schadensersatzanspruch gegen die im § 10 des Reichs-Unfallfürsorgegesetzes vom 18. Juni 1901 aufgeführten Personen zu, so geht dieser Anspruch in der Höhe der den Entschädigungsberechtigten auf Grund des gegenwärtigen Gesetzes vom Staate zu zahlenden Beträge auf den Staat über.

Ebenso gehen diejenigen Entschädigungsansprüche, die den in den Artikeln 89, 90 bezeichneten Personen wegen eines im Dienste erlittenen Betriebsunfalls auf Grund bayerischer Landesgesetze gegen andere als die im § 10 des Reichs-Unfallfürsorgegesetzes vom 18. Juni 1901 bezeichneten Personen zustehen, in der Höhe der den Entschädigungsberechtigten auf Grund des gegenwärtigen Gesetzes vom Staate zu zahlenden Beträge auf den Staat über.

B. Fürsorge bei Unfällen, die in einem der reichsgesetzlichen Unfallversicherung nicht unterliegenden Betrieb oder Dienstzweig eintreten.

Artikel 101.

Die Vorschriften der Artikel 89 bis 100 dieses Gesetzes finden, unbeschadet der Vorschrift im § 5 des Reichshaftpflichtgesetzes vom 7. Juni 1871, auch Anwendung, wenn Beamte in Ausübung des Dienstes in einem reichsgesetzlich der Unfallversicherung nicht unterliegenden Betrieb oder Dienstzweig einen Unfall erleiden.

Ansprüche auf Ersatz des durch den Unfall verursachten Schadens, die dem Beamten oder seinen Hinterbliebenen gegen Dritte auf Grund gesetzlicher Vorschrift zustehen, gehen bis zur Höhe der ihnen nach dem gegenwärtigen Gesetze zukommenden Leistungen an den Staat über.

VII. Abschnitt.

Dienstaufsicht und Dienststrafrecht.

A. Dienstaufsicht.

Artikel 102.

Die Vorschriften über die Qualifikation der Beamten werden von der Staatsregierung erlassen.

Auf Verlangen ist dem Beamten der wesentliche Inhalt der Einträge in seiner Qualifikationsliste bekanntzugeben. Gegen die Einträge ist Beschwerde zulässig.

Artikel 103.

Jeder Vorgesetzte ist befugt, den ihm untergebenen Beamten mündlich oder schriftlich Ermahnungen oder Warnungen zu erteilen.

Wer als Vorgesetzter zu erachten ist, wird durch die Dienstvorschriften bestimmt.

Artikel 104.

Die vorgesetzten Dienstbehörden sind befugt, einem Beamten für den Fall, daß er ein Amtsgeschäft nicht innerhalb einer bestimmten Frist erledigt, die Absendung eines Wartboten auf seine Kosten oder Zwangsstrafen anzudrohen, die für den gleichen Anlaß den Gesamtbetrag von fünfzig Mark nicht übersteigen dürfen. Nach fruchtlosem Ablaufe der Frist kann die Androhung ohne weiteres verwirklicht werden.

Die vorgesetzten Dienstbehörden sind auch befugt, einem säumigen Beamten auf seine Kosten zur Erledigung rückständiger Amtsgeschäfte eine Geschäftsaushilfe beizugeben.

Die Zwangsstrafen werden den Wohlfahrtseinrichtungen für die Beamten zugewendet.

B. Dienststrafrecht für unwiderrufliche aktive Beamte.

1. Dienstvergehen und Dienststrafen.

Artikel 105.

Ein Beamter, der die ihm obliegenden Pflichten schuldhaft verletzt, macht sich eines Dienstvergehens schuldig.

Artikel 106.

Die Dienststrafen sind:

1. Ordnungsstrafen;
2. Disziplinarstrafen.

Artikel 107.

Die Ordnungsstrafen sind:

1. Verweis;
2. Geldstrafe bis zum Betrage des einmonatigen Gehalts.

Der Höchstbetrag der Geldstrafe darf auch beim Zusammenflusse mehrerer Dienstvergehen nicht überschritten werden.

Die Geldstrafen werden den Wohlfahrtseinrichtungen für die Beamten zugewendet.

Artikel 108.

Die Disziplinarstrafen sind:

1. Strafversetzung;
2. Dienstentlassung.

Artikel 109.

Die Strafversetzung erfolgt entweder

1. durch Versetzung auf eine Amtsstelle mit dem gleichen Range und dem gleichen Gehalt oder
2. durch Versetzung auf eine Amtsstelle mit einem geringeren Range und einem geringeren Gehalte.

Mit der Versetzung auf eine Amtsstelle mit dem gleichen Gehalte kann eine Geldstrafe verbunden werden, die den dritten Teil des zuletzt bezogenen Jahresgehalts nicht übersteigen darf.

Im Falle der Versetzung auf eine Amtsstelle mit einem geringeren Gehalte darf die Minderung des Gehalts den fünften Teil des zuletzt bezogenen Jahresgehalts nicht übersteigen.

Die Strafversetzung schließt den Anspruch auf Vergütung der Umzugskosten aus.

Artikel 110.

Die Dienstentlassung hat den Verlust des Titels und der Dienstabzeichen sowie des Anspruchs auf Diensteinkommen, Ruhegehalt und Hinterbliebenenversorgung von Rechts wegen zur Folge.

Lassen besondere Umstände eine mildere Beurteilung zu, so kann in dem Urteile des Disziplinargerichts ausgesprochen werden, daß dem Beamten vom Zeitpunkte seiner Entlassung an auf Lebenszeit oder auf bestimmte Zeit als Unterhaltsbeitrag ein Teil des Ruhegehalts zu gewähren sei, den er anzusprechen hätte, wenn er im Zeitpunkte der Entlassung in den Ruhestand versetzt würde. Auch kann bei gleicher Voraussetzung den Hinterbliebenen des aus dem Dienste entlassenen Beamten durch das Urteil des Disziplinargerichts der Anspruch auf Versorgung ganz oder teilweise, mit oder ohne Zeitbeschränkung vorbehalten werden.

Liegen berücksichtigungswerte Verhältnisse vor, so kann durch Königliche Entschließung dem aus dem Dienste entlassenen Beamten oder seiner Familie ausnahmsweise sofort oder später ein widerruflicher Unterhaltsbeitrag gewährt werden; der Unterhaltsbeitrag soll jedoch in der Regel die Hälfte des Betrags nicht übersteigen, der sich als Ruhegehalt berechnet hätte, wenn der Beamte im Zeitpunkte seiner Dienstentlassung in den Ruhestand versetzt worden wäre. Unter der gleichen Voraussetzung (Satz 1) kann durch Königliche Entschließung den Hinterbliebenen eines aus dem Staatsdienst entlassenen Beamten ausnahmsweise ein widerruflicher Unterhaltsbeitrag gewährt werden; dieser soll in der Regel die Hälfte der Beträge nicht übersteigen, die sie als Witwen- und Waisengeld zu beanspruchen hätten, wenn der Beamte im Zeitpunkte der Dienstentlassung gestorben wäre.

Artikel 111.

Welche der in den Artikeln 106 bis 110 bestimmten Strafen anzuwenden sei, ist nach der größeren oder geringeren Erheblichkeit des Dienstvergehens mit besonderer Rücksicht auf die gesamte Führung des Beschuldigten zu ermessen.

Artikel 112.

Hat ein Beamter während seines früheren Dienstverhältnisses als Richter, Notar oder als öffentlicher Beamter ein Dienstvergehen begangen, so unterliegt er auch hiewegen den Vorschriften dieses Gesetzes.

Wegen einer Handlung, die ein Beamter vor dem Eintritt in den Staatsdienst zu einer Zeit begangen hat, in der er weder Staatsbeamter noch öffentlicher Beamter war, ist ein Einschreiten im Dienststrafverfahren nur dann zulässig, wenn die Handlung die Strafversetzung oder Dienstentlassung begründet.

Artikel 113.

Die Strafverfolgung von Dienstvergehen verjährt in fünf Jahren. Verstößt die Tat auch gegen ein Strafgesetz, so verjährt die Strafverfolgung des Dienstvergehens nicht, bevor die Strafverfolgung der Straftat verjährt ist.

Jede Handlung des Strafrichters oder des Disziplinarrichters oder des mit der Führung der Voruntersuchung beauftragten Beamten oder des von diesem ersuchten Gerichts oder Beamten (Artikel 134 Abs. 2, 7), die wegen der begangenen Tat gegen den Täter gerichtet ist, unterbricht die Verjährung. Nach der Unterbrechung beginnt eine neue Verjährung.

Artikel 114.

Das Dienststrafverfahren wird eingestellt, wenn der Beschuldigte unter Verzicht auf Titel und Dienstabzeichen sowie auf Diensteinkommen, Ruhegehalt und Hinterbliebenenversorgung um Entlassung aus dem Staatsdienste nachsucht, vorausgesetzt, daß er in Bezug auf seinen Dienst sich nicht in verschuldetem Rückstande befindet und über eine ihm anvertraute Verwaltung von öffentlichem Vermögen Rechenschaft abgelegt hat.

Artikel 115.

Hat der Staatsanwalt in einem strafrechtlichen Verfahren die öffentliche Klage erhoben oder ist in einem militärgerichtlichen Verfahren die Anklage verfügt worden, so darf vor Beendigung dieses Verfahrens gegen den Beschuldigten wegen der nämlichen Tatsachen ein Dienststrafverfahren weder eingeleitet noch fortgesetzt werden.

Ist wegen Abwesenheit des Beschuldigten die vorläufige Einstellung des Strafverfahrens beschlossen, so kann von diesem Zeitpunkt an das Dienststrafverfahren eingeleitet oder fortgesetzt werden.

Artikel 116.

Ist von den Strafgerichten auf Freisprechung erkannt, so findet wegen der Tatsachen, die in dem strafrechtlichen Verfahren Gegenstand der Aburteilung waren, ein Dienststrafverfahren nur noch insofern statt, als diese Tatsachen an sich und ohne ihre Beziehung zu dem gesetzlichen Tatbestande der strafbaren Handlung, auf die das Strafverfahren sich erstreckte, ein Dienstvergehen enthalten.

Die Freisprechung wegen Verjährung im strafrechtlichen Verfahren schließt die Einleitung oder Fortsetzung eines Dienststrafverfahrens nicht aus, solange die Strafverfolgung wegen Dienstvergehens noch nicht gemäß Artikel 113 ausgeschlossen ist.

Ist in einem strafrechtlichen Verfahren eine Verurteilung erfolgt, die den Verlust des Amtes nicht zur Folge gehabt hat, so kann von diesem Zeitpunkt an das Dienststrafverfahren eingeleitet oder fortgesetzt werden.

2. Ordnungsstrafverfahren.

Artikel 117.

Zur Verhängung der Ordnungsstrafen (Artikel 107) sind die vorgesetzten Behörden und Beamten zuständig.

Vor der Verhängung einer Ordnungsstrafe ist dem Beamten Gelegenheit zu geben, sich über die ihm zur Last gelegte Verletzung seiner Dienstpflicht zu äußern, sofern nicht die Ordnungsstrafe schon vorher für den Fall einer bestimmt bezeichneten Verfehlung angedroht war.

Die Verhängung der Ordnungsstrafe erfolgt unter Angabe der Gründe durch schriftliche Verfügung oder zu Protokoll.

Die näheren Vorschriften über die Zuständigkeit der Behörden und Beamten zur Verhängung von Ordnungsstrafen und über das Beschwerdeverfahren werden von der Staatsregierung erlassen.

3. Disziplinarverfahren.

Artikel 118.

Zur Verhängung der Disziplinarstrafen sind die Disziplinargerichte zuständig. Für Dienstvergehen wegen Zuwiderhandlung gegen die Vorschrift des Artikel 16 sind sie auch zuständig, wenn das Dienstvergehen eine Ordnungsstrafe begründet.

Artikel 119.

Die Disziplinargerichte sind:

1. in erster Instanz die Disziplinarkammern;
2. in zweiter Instanz der Disziplinarhof.

Die Disziplinarkammern führen die Bezeichnung „Disziplinarkammer für nichtrichterliche Beamte", der Disziplinarhof die Bezeichnung „Disziplinarhof für nichtrichterliche Beamte".

Artikel 120.

Am Sitze jedes Oberlandesgerichts wird eine Disziplinarkammer errichtet.

Die Disziplinarkammer besteht aus einem Präsidenten, den Mitgliedern und stellvertretenden Mitgliedern der bei demselben Oberlandesgerichte gebildeten Disziplinarkammer für richterliche Beamte, ferner je zwei bis sechs Beamten aus dem Geschäftskreise jedes Ministeriums und der erforderlichen Anzahl von Stellvertretern. Diese Beamten und ihre Stellvertreter müssen unwiderrufliche Beamte im Sinne des Artikel 6 Abs. 1 bis 4 sein; sie werden vom König auf die Dauer des von ihnen bekleideten Hauptamts ernannt.

Präsident der Disziplinarkammer ist der Präsident des Oberlandesgerichts. Im Verhinderungsfalle wird dieser durch den Senatspräsidenten und, wenn mehrere Senatspräsidenten vorhanden sind, durch den dienstältesten, bei gleichem Dienstalter durch den der Geburt nach ältesten Senatspräsidenten des Oberlandesgerichts vertreten.

Artikel 121.

Die Disziplinarkammer entscheidet mit Einschluß des Präsidenten in der Besetzung von fünf Mitgliedern.

Bei der Entscheidung müssen außer dem Präsidenten zwei Mitglieder oder stellvertretende Mitglieder der Disziplinarkammer für richterliche Beamte mitwirken; die beiden anderen Mitglieder werden dem Geschäftskreise des Ministeriums entnommen, dem der beschuldigte Beamte untersteht, und, wenn sich das Verfahren gegen Beamte aus dem Geschäftskreise mehrerer Ministerien richtet, dem Geschäftskreise dieser Ministerien.

Die Zusammensetzung der Disziplinarkammer erfolgt durch den Präsidenten.

Artikel 122.

Zuständig im einzelnen Falle ist die Disziplinarkammer, in deren Bezirk der Beschuldigte zur Zeit der Einleitung des Disziplinarverfahrens seinen Amtssitz hat, und, wenn dieser außerhalb Bayerns sich befindet, die Disziplinarkammer in München.

Meinungsverschiedenheiten über die Zuständigkeit verschiedener Disziplinarkammern entscheidet der Disziplinarhof.

Artikel 123.

Der Disziplinarhof kann auf Antrag des Staatsanwalts oder des Beschuldigten die Verweisung der Sache an eine andere Disziplinarkammer beschließen, wenn Gründe vorliegen, welche die Unbefangenheit der zuständigen Disziplinarkammer zweifelhaft machen.

Artikel 124.

Der Disziplinarhof hat seinen Sitz in München.

Er besteht aus einem Präsidenten, den Mitgliedern und stellvertretenden Mitgliedern des Disziplinarhofs für richterliche Beamte, ferner je drei bis sechs Beamten aus dem Geschäftskreise jedes Ministeriums und der erforderlichen Anzahl von Stellvertretern. Diese Beamten und ihre Stellvertreter müssen unwiderrufliche Beamte im Sinne des Artikel 6 Abs. 1 bis 4 sein; sie werden vom König auf die Dauer des von ihnen bekleideten Hauptamts ernannt.

Präsident des Disziplinarhofs ist der Präsident des Obersten Landesgerichts. Im Verhinderungsfalle wird dieser durch den dienstältesten Senatspräsidenten und bei gleichem Dienstalter durch den der Geburt nach ältesten Senatspräsidenten des Obersten Landesgerichts vertreten.

Artikel 125.

Der Disziplinarhof entscheidet mit Einschluß des Präsidenten in der Besetzung von sieben Mitgliedern.

Bei jeder Entscheidung müssen außer dem Präsidenten drei Mitglieder oder stellvertretende Mitglieder des Disziplinarhofs für richterliche Beamte mitwirken; die drei anderen Mitglieder werden dem Geschäftskreise des Ministeriums entnommen, dem der beschuldigte Beamte untersteht, und, wenn das Verfahren sich gegen Beamte aus dem Geschäftskreise mehrerer Ministerien richtet, dem Geschäftskreise dieser Ministerien.

Die Zusammensetzung des Disziplinarhofs erfolgt durch den Präsidenten.

Artikel 126.

Die Verrichtungen der Staatsanwaltschaft bei der Disziplinarkammer obliegen dem Oberstaatsanwalte bei dem Oberlandesgerichte.

Bei dem Disziplinarhofe besorgt der Generalstaatsanwalt bei dem Obersten Landesgerichte die Geschäfte der Staatsanwaltschaft.

Den Dienst des Gerichtsschreibers bei den Disziplinargerichten versehen die Gerichtsschreiber der betreffenden Gerichtshöfe.

Der Oberstaatsanwalt und der Generalstaatsanwalt haben den Weisungen des Ministeriums und den Anregungen der Stelle, welche die Einleitung des Verfahrens veranlaßt haben, Rechnung zu tragen.

Artikel 127.

Eine besondere Verpflichtung der Mitglieder der Disziplinarkammern und des Disziplinarhofs auf die Erfüllung ihrer Obliegenheiten findet nicht statt.

Artikel 128.

Hinsichtlich der Ausschließung und Ablehnung von Mitgliedern der Disziplinarkammern und des Disziplinarhofs finden die Vorschriften der Reichs-Strafprozeßordnung über die Ausschließung und Ablehnung von Gerichtspersonen mit Ausnahme des § 23 Abs. 3 dieses Gesetzes entsprechende Anwendung.

Über die Ausschließung oder Ablehnung entscheidet das Disziplinargericht, dem das Mitglied angehört.

Wird die Disziplinarkammer durch Ausscheiden der abgelehnten Mitglieder beschlußunfähig, so entscheidet der Disziplinarhof und verweist erforderlichenfalls die Aburteilung der Sache an eine andere Disziplinarkammer.

Ablehnungsgesuche wegen Besorgnis der Befangenheit sind bei Vermeidung des Ausschlusses spätestens vor Beginn der Hauptverhandlung bei dem Disziplinargericht anzubringen, dem die abzulehnenden Mitglieder angehören.

Gegen den auf ein Ablehnungsgesuch erlassenen Beschluß des Disziplinargerichts findet ein Rechtsmittel nicht statt.

Artikel 129.

Das Disziplinarverfahren ist auf Antrag des zuständigen Ministeriums oder der von diesem ermächtigten Stelle durch Verfügung des Präsidenten der Disziplinarkammer einzuleiten.

Ist Gefahr auf Verzug, so können auch vor der Einleitung des Disziplinarverfahrens von den dem Beschuldigten vorgesetzten Behörden und Beamten Untersuchungshandlungen zur Sicherung des Beweises vorgenommen werden. Zu diesen Untersuchungshandlungen ist ein beeidigter Protokollführer beizuziehen. In dringenden Fällen kann der Beamte eine andere geeignete Persönlichkeit als Protokollführer beiziehen und beeidigen.

Artikel 130.

Die Vorschriften der Reichs-Strafprozeßordnung über den Fristenlauf und über die Wiedereinsetzung in den vorigen Stand gegen Ablauf von Fristen (§§ 42 bis 47) finden auf das Disziplinarverfahren entsprechende Anwendung.

Artikel 131.

Zeugen und Sachverständige werden, soweit nicht durch die in Abs. 2 bezeichneten Vorschriften Ausnahmen begründet sind, eidlich vernommen.

Die Vorschriften der Reichs-Strafprozeßordnung über die Verpflichtung, vor Gericht zu erscheinen und sich als Zeuge oder Sachverständiger vernehmen zu lassen, über die Folgen des Nichterscheinens und der Verweigerung des Zeugnisses oder der Eidesleistung sowie über die Zulässigkeit der Beeidigung und der Berufung auf einen früher geleisteten Eid, ferner die Vorschriften der Reichs-Strafprozeßordnung und des Gesetzes zu ihrer Ausführung vom 18. August 1879 über die Form der Eidesleistung und über den Gebrauch gewisser Beteuerungsformeln an Stelle des Eides gelten auch für das Disziplinarverfahren.

Artikel 132.

Die im Disziplinarverfahren an den Beschuldigten ergehenden schriftlichen Mitteilungen sollen unter Umschlag, der mit dem Dienstsiegel zu versehen ist, zugestellt werden.

Die Zustellung ist als gültig erfolgt anzusehen, wenn sie an die Person, an welche die Mitteilung gerichtet ist, nachweislich bewirkt wurde.

Wird der Beschuldigte nicht angetroffen, so kann die Zustellung in seiner Wohnung an einen zu der Familie gehörigen erwachsenen Hausgenossen oder an eine in der Familie dienende erwachsene Person oder, wenn solche Personen nicht angetroffen werden, an den in demselben Hause wohnenden Hauswirt oder Vermieter erfolgen, sofern diese zur Annahme des Schriftstücks bereit sind.

Ist die Zustellung nach diesen Bestimmungen nicht ausführbar, so kann sie an den Bürgermeister oder seinen Stellvertreter geschehen.

Ist der Aufenthalt des Beschuldigten unbekannt oder hält er sich außerhalb seines Amtssitzes im Ausland auf, so kann die Zustellung an seinem letzten Amtssitze bewirkt werden. Eine öffentliche Ladung ist unzulässig.

Hinsichtlich der Zustellungen an den Staatsanwalt finden die Vorschriften des § 41 der Reichs-Strafprozeßordnung Anwendung.

Die Staatsregierung ist ermächtigt, im übrigen die Formen der Zustellung durch Vollzugsvorschriften zu regeln.

Artikel 133.

Alle im Disziplinarverfahren ergehenden Entscheidungen sind mit Gründen zu versehen.

Artikel 134.

Nach der Einleitung des Disziplinarverfahrens hat eine Voruntersuchung stattzufinden.

Der Beamte, durch den die Voruntersuchung zu führen ist, wird durch den Präsidenten bestimmt. Mit der Führung der Voruntersuchung ist ein Beamter aus dem Geschäftskreise des Ministeriums zu beauftragen, dem der Beschuldigte untersteht. Über die Wahl des Beamten hat sich der Präsident mit dem zuständigen Ministerium oder mit der Stelle, welche die Einleitung des Verfahrens beantragt hat, zu benehmen.

Die Voruntersuchung hat den Zweck, den Sachverhalt zu ermitteln und die erforderlichen Beweise zu erheben.

Der Beschuldigte wird unter Mitteilung der Anschuldigungspunkte vorgeladen und, wenn er erscheint, in Abwesenheit des Staatsanwalts mit seinen Erklärungen und Anträgen gehört. Die Verhaftung, vorläufige Festnahme oder Vorführung des Beschuldigten ist unzulässig.

Den Vernehmungen der Zeugen oder Sachverständigen darf weder der Staatsanwalt noch der Beschuldigte beiwohnen. Ausnahmsweise ist ihnen die Anwesenheit zu gestatten, wenn ein Zeuge oder Sachverständiger vernommen wird, der voraussichtlich am Erscheinen in der Hauptverhandlung verhindert oder dessen Erscheinen wegen großer Entfernung besonders erschwert sein wird.

Ist zu befürchten, daß der Zeuge in Gegenwart des Beschuldigten die Wahrheit nicht sagen werde, so kann der Beschuldigte von der Anwesenheit bei der Verhandlung ausgeschlossen werden.

Ist die Vernehmung eines Zeugen oder Sachverständigen wegen großer Entfernung erschwert, so kann der die Voruntersuchung führende Beamte das Amtsgericht, in dessen Bezirk der Zeuge oder Sachverständige sich aufhält, oder mit Zustimmung des Vorsitzenden der Disziplinarkammer auch einen anderen Beamten um die Vernehmung ersuchen.

Artikel 135.

Über jede Untersuchungshandlung ist ein Protokoll unter Beobachtung der im § 186 der Reichs-Strafprozeßordnung enthaltenen Vorschriften aufzunehmen. Hiezu ist ein beeidigter Protokollführer beizuziehen. In dringenden Fällen kann der die Voruntersuchung führende Beamte eine andere geeignete Persönlichkeit beiziehen und beeidigen.

Artikel 136.

Der Staatsanwalt kann stets, ohne daß jedoch das Verfahren dadurch aufgehalten werden darf, von dem Stande der Voruntersuchung durch Einsicht der Akten Kenntnis nehmen und Anträge stellen.

Vor dem Schlusse der Voruntersuchung ist dem Beschuldigten das Ergebnis mitzuteilen und ihm nochmals Gelegenheit zu seiner Verteidigung zu geben.

Auch im Laufe der Voruntersuchung soll dem Beschuldigten, soweit es ohne Gefährdung des Untersuchungszwecks geschehen kann, im Interesse seiner Verteidigung von wichtigen oder neuen Beweisergebnissen Mitteilung gemacht werden.

Artikel 137.

Erachtet der die Voruntersuchung führende Beamte die Untersuchung für geschlossen, so übermittelt er die Akten dem Staatsanwalte.

Beantragt der Staatsanwalt eine Ergänzung der Voruntersuchung, so hat der die Voruntersuchung führende Beamte, wenn er dem Antrage nicht stattgeben will, die Entscheidung des Präsidenten der Disziplinarkammer einzuholen.

Auf Grund des Ergebnisses der Voruntersuchung stellt der Staatsanwalt seine Anträge an die Disziplinarkammer.

Beantragt der Staatsanwalt die Verweisung der Sache zur Hauptverhandlung, so hat er eine Anschuldigungsschrift zu fertigen, in welche die wesentlichen Ergebnisse der Ermittlungen aufzunehmen sind. Diese

Anschuldigungsschrift ist dem Beschuldigten zur Erklärung binnen einer von dem Präsidenten zu bestimmenden Frist mitzuteilen.

Die Disziplinarkammer kann eine Ergänzung der Voruntersuchung anordnen.

Artikel 138.

Liegt nach dem Ergebnisse der Voruntersuchung ein Dienstvergehen nicht vor, so hat die Disziplinarkammer den Beschuldigten außer Verfolgung zu setzen.

Liegt ein Dienstvergehen vor, ist aber die Verurteilung zur Strafversetzung oder Dienstentlassung nicht zu erwarten, so hat, unbeschadet der Vorschrift des Artikel 118 Satz 2, die Disziplinarkammer das Verfahren einzustellen. In diesem Falle kann die zuständige Behörde eine Ordnungsstrafe verhängen.

Steht dem weiteren Verfahren der Umstand entgegen, daß der Beschuldigte nach der Tat in Geisteskrankheit verfallen ist, so kann die vorläufige Einstellung des Verfahrens beschlossen werden.

In den Fällen der Abs. 1, 2 ist dem Beschuldigten eine Ausfertigung des Beschlusses der Disziplinarkammer zu erteilen.

Artikel 139.

Ist der Beschuldigte nach dem Ergebnisse der Voruntersuchung eines Dienstvergehens hinreichend verdächtig, das die Strafversetzung oder Dienstentlassung begründet, so verweist die Disziplinarkammer die Sache zur Hauptverhandlung.

Auf die Abfassung des Beschlusses findet § 205 Abs. 1 der Reichs-Strafprozeßordnung entsprechende Anwendung.

Artikel 140.

Gegen die Beschlüsse nach Artikel 138 Abs. 1, 2 steht dem Staatsanwalte die Beschwerde an den Disziplinarhof zu.

Artikel 141.

In den Fällen des Artikel 138 Abs. 1, 2 kann das Disziplinarverfahren nur auf Grund neuer Tatsachen oder Beweismittel wieder aufgenommen werden. Die Wiederaufnahme erfolgt auf Antrag des zuständigen Ministeriums oder der von diesem ermächtigten Stelle durch Beschluß der Disziplinarkammer.

Wurde im Falle des Artikel 138 Abs. 2 eine Ordnungsstrafe verhängt, so ist die Wiederaufnahme des eingestellten Verfahrens ausgeschlossen.

Artikel 142.

Beschließt die Disziplinarkammer die Verweisung der Sache zur Hauptverhandlung, so hat der Präsident Termin anzuberaumen und die erforderlichen Ladungen und sonst nötigen Vorbereitungen zu bewirken.

Der Beschuldigte ist unter abschriftlicher Mitteilung des Beschlusses über die Verweisung der Sache zur Hauptverhandlung (des Verweisungsbeschlusses) mit der Warnung zu laden, daß die Verhandlung im Falle seines Ausbleibens gleichwohl stattfinden werde.

Zwischen der Zustellung der Ladung und dem Tage der Hauptverhandlung muß eine Frist von mindestens einer Woche liegen. Ist diese Frist nicht eingehalten worden, so kann der Beschuldigte die Aussetzung der Verhandlung verlangen, solange nicht in der Sitzung mit der Verlesung des Verweisungsbeschlusses begonnen ist.

Die Zeugen oder Sachverständigen werden von Amts wegen geladen, soweit der Präsident der Disziplinarkammer diese Ladung nach dem Ergebnisse der Voruntersuchung für nötig erachtet. Anträge des Staatsanwalts und des Beschuldigten auf Vorladung von Zeugen oder Sachverständigen werden, unbeschadet der etwaigen Erneuerung bei der Hauptverhandlung, von dem Präsidenten beschieden.

Die ergehenden Verfügungen sind den Beteiligten bekannt zu geben.

Lehnt der Präsident den Antrag auf Ladung einer Person ab, so kann sie der Beschuldigte unmittelbar laden lassen. Der Beschuldigte hat dies dem Präsidenten gleichzeitig anzuzeigen. Eine unmittelbar geladene Person ist nur dann zum Erscheinen verpflichtet, wenn ihr bei der Ladung die gesetzliche Entschädigung für Reisekosten und Zeitversäumnis bar dargeboten oder ihre Hinterlegung bei dem Gerichtsschreiber nachgewiesen wird.

Der Beschuldigte kann sich des Beistandes eines Rechtsanwalts als Verteidigers bedienen. Diesem ist die Einsicht der Akten zu gestatten.

Artikel 143.

Die Hauptverhandlung findet statt, auch wenn der Beschuldigte nicht erschienen ist.

Er kann sich durch einen Rechtsanwalt vertreten lassen. Der Disziplinarkammer steht es jedoch frei, das persönliche Erscheinen des Beschuldigten unter der Warnung anzuordenen, daß bei seinem Ausbleiben ein Verteidiger zu seiner Vertretung nicht würde zugelassen werden.

Die Verhandlung ist nicht öffentlich. Das Ministerium oder die von ihm ermächtigte Stelle ist befugt, einen Beamten in die Verhandlung abzuordnen. Auf Antrag des Beschuldigten können einzelne Personen nach dem Ermessen des Vorsitzenden als Zuhörer zugelassen werden.

Hinsichtlich der Handhabung der Sitzungspolizei finden die Vorschriften des Reichs-Gerichtsverfassungsgesetzes entsprechende Anwendung.

Artikel 144.

Bei der Hauptverhandlung wird der Verweisungsbeschluß verlesen.

Hierauf wird der Beschuldigte vernommen. Gesteht er die den Gegenstand der Anschuldigung bildenden Tatsachen ein und walten gegen die Glaubwürdigkeit seines Geständnisses keine Bedenken ob, so beschließt die Disziplinarkammer, daß eine Beweiserhebung nicht stattfinde.

Andernfalls gibt ein von dem Präsidenten der Disziplinarkammer aus der Zahl ihrer Mitglieder ernannter Berichterstatter auf Grund der bisherigen Erhebungen eine Darstellung der Beweisaufnahme, soweit sie sich auf die in dem Verweisungsbeschlusse enthaltenen Anschuldigungspunkte bezieht und nicht durch unmittelbare Beweiserhebung in der Sitzung (Artikel 145, 146) ersetzt wird.

Urkunden und andere als Beweismittel dienende Schriftstücke sind zu verlesen, ebenso die Protokolle über die Aussagen der vernommenen Zeugen und die Gutachten der Sachverständigen, sofern diese Personen nicht bei der Hauptverhandlung vernommen werden. Die Verlesung der Aussage eines vor der Hauptverhandlung vernommenen Zeugen, der erst in der Hauptverhandlung von seinem Rechte, das Zeugnis zu verweigern, Gebrauch macht, hat zu unterbleiben.

Zum Schlusse wird der Staatsanwalt mit seinem Antrag und der Beschuldigte mit seiner Verteidigung gehört. Dem Beschuldigten gebührt das letzte Wort.

Artikel 145.

Erachtet die Disziplinarkammer im Laufe der Hauptverhandlung auf Antrag des Beschuldigten, des Staatsanwalts oder von Amts wegen die Vernehmung von Zeugen oder Sachverständigen, sei es vor der Disziplinarkammer oder durch einen beauftragten Beamten, oder die Herbeischaffung anderer Beweismittel für angemessen, so erläßt sie den erforderlichen Beschluß und verlegt nötigenfalls die Fortsetzung der Verhandlung auf einen anderen Tag, der bekannt zu geben ist.

Artikel 146.

Die Zeugen und Sachverständigen müssen auf Antrag des Staatsanwalts oder des Beschuldigten in der

Hauptverhandlung vernommen werden, wenn die Tatsachen erheblich sind, über die sie vernommen werden sollen, und die Disziplinarkammer diese Vernehmung zur näheren Aufklärung der Sache für erforderlich erachtet.

Artikel 147.

Stehen dem Erscheinen eines Zeugen oder Sachverständigen Krankheit oder andere unabweisbare Hindernisse entgegen oder ist ihr Erscheinen wegen großer Entfernung besonders erschwert, so ist von der Disziplinarkammer ihre Vernehmung durch einen beauftragten oder ersuchten Beamten anzuordnen.

Von dem zum Zwecke dieser Vernehmung anberaumten Termine sind der Staatsanwalt, der Beschuldigte und sein Verteidiger vorher zu benachrichtigen; ihrer Anwesenheit bei der Vernehmung bedarf es nicht.

Artikel 148.

Auf Grund des Ergebnisses der Beweisaufnahme entscheidet die Disziplinarkammer nach ihrer freien, aus dem Inbegriffe der Verhandlung geschöpften Überzeugung und erkennt auf Freisprechung oder Verurteilung.

Findet die Disziplinarkammer auf Grund des Ergebnisses der Beweisaufnahme, daß nur eine Ordnungsstrafe zu verhängen sei, so hat sie sofort selbst auf die Ordnungsstrafe zu erkennen.

Die Verurteilung des Beschuldigten in eine Dienststrafe kann nur wegen der Tat erfolgen, die in dem Verweisungsbeschlusse bezeichnet ist.

Zu jeder dem Beschuldigten nachteiligen Entscheidung, welche die Schuldfrage oder die Verurteilung zur Strafe der Dienstentlassung betrifft, ist eine Mehrheit von zwei Dritteilen der Stimmen erforderlich.

Die Verkündung des Urteils erfolgt am Schlusse der Verhandlung oder spätestens innerhalb der darauffolgenden vierzehn Tage durch Verlesung der Urteilsformel und Eröffnung der Urteilsgründe. Die Eröffnung der Urteilsgründe geschieht durch Verlesung oder durch mündliche Mitteilung ihres wesentlichen Inhalts. War die Verkündung des Urteils ausgesetzt, so sind die Urteilsgründe vor derselben schriftlich festzusetzen. Dem Beschuldigten ist eine Ausfertigung des Urteils zu erteilen.

Im übrigen finden hinsichtlich der Beratung und Abstimmung die Vorschriften der §§ 194 bis 199 des Reichs-Gerichtsverfassungsgesetzes und hinsichtlich der Beurkundung der Urteile und der Erteilung von Ausfertigungen und Auszügen die Vorschriften des § 275 Abs. 2 bis 4 der Reichs-Strafprozeßordnung entsprechende Anwendung. Für die Reihenfolge bei der Abstimmung bemißt sich das Dienstalter nach der Zeit der Ernennung zum Mitgliede der Disziplinarkammer.

Artikel 149.

Über die Hauptverhandlung wird ein Protokoll aufgenommen, das den Ort und den Tag der Verhandlung, die Namen der mitwirkenden Mitglieder des Disziplinargerichts, des Staatsanwalts und des Gerichtsschreibers, dann des Beschuldigten und seines Verteidigers sowie das Wesentliche über den Gang und über das Ergebnis der Verhandlung enthalten und die verlesenen Schriftstücke bezeichnen muß.

In das Protokoll sind ferner die im Laufe der Verhandlung gestellten Anträge, die ergangenen Entscheidungen und die Urteilsformel aufzunehmen.

Kommt es auf die Feststellung eines Vorganges in der Hauptverhandlung oder des Wortlauts einer Aussage oder Äußerung an, so hat der Präsident die vollständige Niederschreibung und Verlesung anzuordnen. In dem Protokoll ist zu bemerken, daß die Verlesung geschehen und die Genehmigung erfolgt ist oder welche Einwendungen erhoben wurden.

Das Protokoll ist von dem Präsidenten und dem Gerichtsschreiber zu unterzeichnen. Ist der Präsident verhindert, so unterzeichnet für ihn das älteste beisitzende Mitglied.

Artikel 150.

Ist weder der Beschuldigte noch ein Vertreter bei der Hauptverhandlung erschienen, so kann der Beschuldigte gegen das Urteil binnen einer Woche nach der Zustellung die Wiedereinsetzung in den vorigen Stand unter den gleichen Voraussetzungen wie gegen die Versäumung einer Frist nachsuchen.

Artikel 151.

Der Antrag des Ministeriums oder der von diesem ermächtigten Stelle (Artikel 129) kann bis zur Verkündung des Urteils der Disziplinarkammer zurückgenommen werden. Nach dem Erlasse des Verweisungsbeschlusses ist eine Zurücknahme nur mit Zustimmung des Beschuldigten zulässig. Wird der Antrag zurückgenommen, so ist das Verfahren einzustellen.

Artikel 152.

Gegen das Urteil der Disziplinarkammer steht sowohl dem Staatsanwalt als dem Beschuldigten die Berufung an den Disziplinarhof offen.

Neue Tatsachen, welche die Grundlage einer anderen Beschuldigung bilden, dürfen in der Berufungsinstanz nicht vorgebracht werden.

Jede von dem Staatsanwalt eingelegte Berufung hat die Wirkung, daß das angefochtene Urteil auch zugunsten des Beschuldigten abgeändert oder aufgehoben werden kann.

War das Urteil nur von dem Beschuldigten oder zu seinen Gunsten von dem Staatsanwalt angefochten worden, so darf es nicht zum Nachteile des Beschuldigten abgeändert werden.

Die Zurücknahme einer zugunsten des Beschuldigten eingelegten Berufung ist nur mit seiner Zustimmung statthaft.

Artikel 153.

Die Berufung muß bei der Disziplinarkammer, die das anzufechtende Urteil erlassen hat, schriftlich oder zu Protokoll des Gerichtsschreibers angemeldet werden. Für den Beschuldigten kann die Berufung auch durch einen mit schriftlicher Vollmacht versehenen Bevollmächtigten angemeldet werden.

Die Anmeldungsfrist beträgt zwei Wochen. Sie beginnt für den Staatsanwalt mit der Verkündung des Urteils, für den Beschuldigten mit dem Tage, an dem ihm die Ausfertigung des Urteils zugestellt worden ist.

Die Bestimmung des § 356 der Reichs-Strafprozeßordnung findet, falls ein Gesuch um Wiedereinsetzung in den vorigen Stand gestellt wird, entsprechende Anwendung.

Artikel 154.

Durch rechtzeitige Einlegung der Berufung wird die Rechtskraft des Urteils, soweit es angefochten ist, gehemmt.

Artikel 155.

Zur schriftlichen Rechtfertigung der Berufung steht demjenigen, der sie rechtzeitig angemeldet hat, eine Frist von zwei Wochen, vom Ablaufe der Anmeldungsfrist grechnet, offen.

Die Berufung kann auf bestimmte Beschwerdepunkte beschränkt werden. Ist dies nicht geschehen oder ist eine Rechtfertigung überhaupt nicht erfolgt, so gilt der ganze Inhalt des Urteils als angefochten.

Artikel 156.

Die Anmeldung der Berufung und die etwa eingegangene Rechtfertigungsschrift werden dem Gegner, und zwar dem Beschuldigten in Abschrift, dem Staatsanwalte nach Maßgabe des Artikel 132 Abs. 6 dieses Gesetzes, zugestellt.

Innerhalb zwei Wochen nach erfolgter Zustellung kann der Gegner eine Beantwortungsschrift einreichen.

Artikel 157.

Die Fristen zur Rechtfertigung und Beantwortung der Berufung können auf Antrag von dem Präsidenten der Disziplinarkammer verlängert werden.

Artikel 158.

Nach Ablauf der in den vorstehenden Artikeln bestimmten Fristen werden die Akten an den Disziplinarhof eingesendet.

Der Präsident des Disziplinarhofs kann die zur Aufklärung der Sache etwa erforderlichen Verfügungen erlassen. Sodann bestimmt er eine Sitzung zur Hauptverhandlung, zu welcher der Beschuldigte unter der in dem Artikel 142 Abs. 2 erwähnten Warnung vorzuladen und der Staatsanwalt zuzuziehen ist.

Hinsichtlich der Zustellung der Ladung an den Beschuldigten findet die Bestimmung des Artikel 142 Abs. 3 mit der Maßgabe Anwendung, daß der dort erwähnte Antrag auf Aussetzung der Verhandlung vor Beginn der im nachfolgenden Absatze bezeichneten Berichterstattung gestellt werden muß.

Bei der Hauptverhandlung gibt zunächst der von dem Präsidenten des Disziplinarhofs aus der Zahl seiner Mitglieder ernannte Berichterstatter eine Darstellung der bis dahin stattgefundenen auf die Anschuldigungspunkte bezüglichen Verhandlungen.

Zum Schlusse werden der Staatsanwalt und der Beschuldigte mit ihren Ausführungen und Anträgen, und zwar der Beschwerdeführer zuerst, gehört. Dem Beschuldigten gebührt das letzte Wort.

Der Prüfung des Disziplinarhofs unterliegt das Urteil nur, soweit es angefochten ist. Im übrigen wird nach Maßgabe der in dem Artikel 142 Abs. 4 bis 6, dem Artikel 143, dem Artikel 144 Abs. 2 bis 4, den Artikeln 145 bis 150 enthaltenen Vorschriften verfahren. Für die Reihenfolge bei der Abstimmung bemißt sich das Dienstalter nach der Zeit der Ernennung zum Mitgliede des Disziplinarhofs.

Artikel 159.

Auf die Wiederaufnahme eines durch rechtskräftiges Urteil geschlossenen Verfahrens sind die Vorschriften des vierten Buches der Reichs-Strafprozeßordnung über die Wiederaufnahme des Verfahrens in den vor den Schöffengerichten verhandelten Sachen mit Ausnahme der Vorschriften des § 403, § 411 Abs. 4 entsprechend anzuwenden. Wird eine Beweisaufnahme angeordnet (§ 409), so ist sie nach den für die Voruntersuchung in Disziplinarsachen geltenden Vorschriften durchzuführen. Wird die Erneuerung der Hauptverhandlung angeordnet (§ 410 Abs. 2), so bemißt sich das weitere Verfahren nach den Vorschriften der Artikel 142 ff. des gegenwärtigen Gesetzes.

Artikel 160.

Ein verurteilter Beamter, dessen Unschuld im Wiederaufnahmeverfahren festgestellt wird, kann Ersatz des ihm durch die Strafvollstreckung erwachsenen Vermögensschadens aus der Staatskasse beanspruchen.

Wird ein verurteilter Beamter im Wiederaufnahmeverfahren mit einer geringeren Strafe belegt, so kann das Disziplinargericht aussprechen, daß ihm der durch die Strafvollstreckung erwachsene Vermögensschaden ganz oder teilweise aus der Staatskasse ersetzt wird.

Im übrigen finden die Vorschriften des § 1 Abs. 2 bis 4, § 2 Abs. 2, § 3 Abs. 2, §§ 4, 5 des Reichsgesetzes vom 20. Mai 1898, betreffend die Entschädigung der im Wiederaufnahmeverfahren freigesprochenen Personen, entsprechende Anwendung. Der Antrag nach § 5 des Reichsgesetzes ist bei der von der Staatsregierung zu bestimmenden Behörde einzureichen. Über ihn entscheidet das zuständige Ministerium oder die von diesem ermächtigte Stelle.

Artikel 161.

Auf die in diesem Gesetze gegen Entscheidungen der Disziplinargerichte zugelassenen Beschwerden finden die Vorschriften der Reichs-Strafprozeßordnung über die sofortige Beschwerde entsprechende Anwendung.

4. Kosten des Verfahrens.

Artikel 162.

Für das Dienststrafverfahren werden nur bare Auslagen in Ansatz gebracht.

Wird der Beschuldigte verurteilt oder bleibt ein von ihm eingelegtes Rechtsmittel erfolglos, so hat er die im Verfahren erwachsenen baren Auslagen ganz oder teilweise zu erstatten.

Die Kosten des in Anwendung des Artikel 114 eingestellten Verfahrens trägt der Beschuldigte, die Kosten eines von dem Verurteilten zurückgenommenen Rechtsmittels dieser.

In allen übrigen Fällen trägt die Staatskasse die erwachsenen Kosten.

Wird der Beschuldigte außer Verfolgung gesetzt oder freigesprochen oder wird das Verfahren nach Artikel 151 eingestellt, so können die dem Beschuldigten erwachsenen notwendigen Auslagen einschließlich der Kosten der Verteidigung der Staatskasse auferlegt werden.

Über die Pflicht zur Tragung der Kosten ist gleichzeitig mit der Entscheidung in der Hauptsache zu erkennen.

5. Vollstreckung der Dienststrafen.

Artikel 163.

Die Vollstreckung der rechtskräftigen Urteile der Disziplinargerichte wird durch das zuständige Ministerium oder die von diesem ermächtigte Stelle auf Grund einer beglaubigten Abschrift der Urteilsformel veranlaßt, die der Gerichtsschreiber der Disziplinarkammer erteilt und mit der Bescheinigung der Vollstreckbarkeit versieht.

Die Vollstreckung der Zwangs- und Geldstrafen erfolgt, soweit tunlich, im Wege der Aufrechnung nach dem Artikel 12 Abs. 1 des Ausführungsgesetzes zum Bürgerlichen Gesetzbuche. Andernfalls wird sie nach Maßgabe des Artikel 7 Abs. 1 des Ausführungsgesetzes zur Reichs-Zivilprozeßordnung und Konkursordnung bewirkt; einer Zustellung der beglaubigten Abschrift der Urteilsformel bedarf es nicht.

Im übrigen werden die Vorschriften über die Vollstreckung der Dienststrafen von der Staatsregierung erlassen.

Die Umwandlung einer nicht beizutreibenden Geldstrafe in eine Freiheitsstrafe findet nicht statt.

C. Dienststrafrecht für andere Beamte.

Artikel 164.

Auf die widerruflichen aktiven Beamten finden, unbeschadet der Vorschrift des Artikel 96 Abs. 1 Satz 2, die Vorschriften der Artikel 105 bis 107, 111 bis 117, soweit sie sich auf Ordnungsstrafen beziehen, mit der Maßgabe entsprechende Anwendung, daß Geldstrafen gegen etatsmäßige Beamte bis zum Betrage des einmonatigen Gehalts, gegen die übrigen widerruflichen Beamten bis zum Betrage von einhundert Mark verhängt werden können.

Artikel 165.

Auf die in dem Artikel 25 bezeichneten Staatsdienstaspiranten und sonstigen Personen finden die Vorschriften der Artikel 105 bis 107, 111 bis 117, soweit sie sich auf Ordnungsstrafen beziehen, mit der Maßgabe entsprechende Anwendung, daß Geldstrafen bis zum Betrage von einhundert Mark verhängt werden können.

Artikel 166.

Auf die unter Gewährung von Wartegeld einstweilen in den Ruhestand versetzten unwiderruflichen Beamten findet das Dienststrafrecht für unwiderrufliche aktive Beamte mit der Maßgabe Anwendung, daß Geldstrafe bis zum Betrage des einmonatigen Wartegeldes zulässig ist und daß an Stelle der Strafversetzung auf Minderung des Wartegeldes um höchstens den fünften Teil für die ganze Zeit oder für einen Teil des einstweiligen Ruhestandes zu erkennen ist.

Auf die unter Gewährung von Wartegeld einstweilen in den Ruhestand versetzten widerruflichen Beamten finden die Vorschriften der Artikel 105 bis 107, 111 bis 117, soweit sie sich auf Ordnungsstrafen beziehen, mit der Maßgabe entsprechende Anwendung, daß Geldstrafe bis zum Betrage des einmonatigen Wartegeldes zulässig ist.

Artikel 167.

Auf die zeitlich oder dauernd in den Ruhestand versetzten unwiderruflichen Beamten findet das Dienststrafrecht für die aktiven unwiderruflichen Beamten mit folgenden Einschränkungen entsprechende Anwendung:

Auf Verweis oder Geldstrafe kann nur wegen Verletzung der Pflicht der Amtsverschwiegenheit erkannt werden. Geldstrafe ist zulässig bis zum Betrage des einmonatigen Ruhegehalts.

Im übrigen ist ein Disziplinarverfahren nur wegen solcher in der Dienstesaktivität oder im Ruhestande begangener Handlungen zulässig, die gegenüber einem aktiven Beamten die Dienstentlassung begründen. An Stelle der Dienstentlassung ist auf Verlust des Titels, der Dienstabzeichen und des Ruhegehalts sowie des Anspruchs auf Hinterbliebenenversorgung zu erkennen. Die Vorschriften des Artikel 110 Abs. 2, 3 finden entsprechende Anwendung.

War der in den Ruhestand versetzte Beamte widerruflich, so finden die Vorschriften der Artikel 105 bis 107, 111 bis 117, soweit sie sich auf Ordnungsstrafen beziehen, mit der Maßgabe entsprechende Anwendung, daß auf diese Strafen nur wegen Verletzung der Pflicht der Amtsverschwiegenheit erkannt werden kann und daß Geldstrafe bis zum Betrage des einmonatigen Ruhegehalts zulässig ist.

Artikel 168.

Gegen Beamte und gegen die in dem Artikel 25 bezeichneten Staatsdienstaspiranten und sonstigen Personen, deren Dienstverhältnis auf Ansuchen oder ohne Ansuchen gelöst wurde (Artikel 8 Abs. 2, Artikel 9 Abs. 2 und Artikel 108 Ziffer 2, Artikel 10), kann, sofern nicht eine andere Strafe verwirkt ist, wegen einer Verletzung der Pflicht der Amtsverschwiegenheit auch nach der Auflösung des Dienstverhältnisses eine Geldstrafe bis zum Betrage von sechshundert Mark im Disziplinarverfahren verhängt werden.

Artikel 169.

In einem Disziplinarverfahren nach den Artikeln 166 bis 168 ist die Disziplinarkammer zuständig, in deren Bezirk der Beschuldigte seinen letzten Amtssitz hatte, und wenn dieser außerhalb Bayerns sich befand, die Disziplinarkammer in München.

VIII. Abschnitt.

Vorläufige Dienstenthebung.

Artikel 170.

Der unwiderrufliche Beamte kann jederzeit unter Wahrung aller seiner Rechte als Beamter seines Dienstes vorläufig enthoben werden.

Artikel 171.

Die vorläufige Enthebung eines Beamten vom Dienste mit den Wirkungen des Artikel 174 tritt kraft des Gesetzes ein:

1. wenn ein richterlicher Haftbefehl gegen ihn erlassen wurde;
2. wenn wegen eines Verbrechens oder eines solchen Vergehens, das den Verlust des Amtes zur Folge haben kann, die Eröffnung des Hauptverfahrens, im militärgerichtlichen Verfahren die Anklageverfügung beschlossen wurde;
3. wenn im Disziplinarverfahren ein noch nicht rechtskräftiges Urteil ergangen ist, das auf Dienstentlassung lautet;
4. wenn eine Gefängnisstrafe gegen ihn in Vollzug gesetzt wird.

Artikel 172.

Durch die zuständige Dienstbehörde kann die vorläufige Enthebung eines Beamten vom Dienste mit den Wirkungen des Artikel 174 verfügt werden, solange gegen ihn ein strafgerichtliches Verfahren oder ein Disziplinarverfahren eingeleitet ist oder eine nicht in dem Artikel 171 Ziff. 4 bezeichnete Freiheitsstrafe vollstreckt wird.

Gegen die Verfügung steht dem Beamten die Beschwerde im Instanzenzug offen.

Artikel 173.

Die vorläufige Dienstenthebung dauert in den Fällen des Artikel 171 Ziff. 1, 4 bis zum Ablaufe des zehnten Tages nach Beendigung der Freiheitsentziehung.

In den Fällen des Artikel 171 Ziff. 2, 3 endet die vorläufige Dienstenthebung, sobald ein rechtskräftiges Urteil ergangen ist, das den Verlust des Amtes nicht zur Folge hat. Lautet jedoch im Falle des Artikel 171 Ziff. 2 das rechtskräftige Urteil auf Freiheitsstrafe, so dauert die vorläufige Dienstenthebung bis zum Ablaufe des zehnten Tages nach Vollstreckung der Strafe fort.

Artikel 174.

Während der vorläufigen Enthebung eines Beamten vom Dienste nach den Artikeln 171, 172 wird ihm vom Ablaufe des Monats an, in dem sie eintritt, der dritte Teil des Gehalts einbehalten.

Soweit für diese Zeit der Gehalt bereits vorausgezahlt ist, wird der zuviel gezahlte Teilbetrag bei der nächstfälligen Gehaltszahlung gekürzt.

In Fällen der Not des Beamten ist das zuständige Ministerium oder die von diesem ermächtigte Stelle befugt, die Einbehaltung auf einen geringeren Teil des Gehalts zu beschränken.

Wird die Vollstreckung einer Freiheitsstrafe ohne Schuld des Verurteilten aufgehalten oder unterbrochen, so tritt für die Zeit der Verzögerung oder Unterbrechung eine Kürzung des Gehalts nicht ein. Das Gleiche gilt hinsichtlich der in dem Artikel 173 Abs. 1, 2 bestimmten Zeit von zehn Tagen, wenn nicht vor ihrem Ablaufe durch die zuständige Dienstbehörde (Artikel 172) die vorläufige Enthebung vom Dienste verfügt wird.

Artikel 175.

Der einbehaltene Teil des Gehalts ist zur Deckung der den Beamten treffenden Kosten des Verfahrens (Artikel 162), sodann zur Deckung der erkannten Geldstrafe und in den Fällen, in denen das Verfahren zur Strafversetzung oder zum Verluste des Amtes führt, zur Deckung der durch die Vertretung des Beamten verursachten Kosten zu verwenden, zur Deckung der Stellvertretungskosten auch, soweit sie wegen der Vollstreckung einer Freiheitsstrafe (Artikel 171 Ziff. 4, Artikel 172, Artikel 173 Abs. 1 und Abs. 2 Satz 2) erwachsen sind. Stellvertretungskosten, die durch den einbehaltenen Teil des Gehalts nicht gedeckt werden können, fallen dem Beamten nicht zur Last. Der nichtverbrauchte Teil des Gehalts ist, wenn das Verfahren zum Verluste des Amtes führt, den Wohlfahrtseinrichtungen für die Beamten zuzuwenden, sonst dem Beamten nachzuzahlen.

IX. Abschnitt.

Verfolgung vermögensrechtlicher Ansprüche der Beamten und ihrer Hinterbliebenen.

Artikel 176.

Hinsichtlich der vermögensrechtlichen Ansprüche der Beamten aus ihrem Dienstverhältnis, insbesondere hinsichtlich der Ansprüche auf Gehalt, Wartegeld und Ruhegehalt sowie hinsichtlich der den Hinterbliebenen der Beamten gesetzlich eingeräumten vermögensrechtlichen Ansprüche steht der Rechtsweg offen.

Ausgeschlossen von der Verfolgung im Rechtswege sind die Ansprüche der Beamten auf Vergütung der Umzugskosten und auf die Entschädigungen für Dienstreisen.

Artikel 177.

Die in dem Artikel 176 bezeichneten Ansprüche können erst gerichtlich verfolgt werden, wenn der Beteiligte gegen die ihn beschwerende Verfügung bei der zunächst zuständigen höheren Verwaltungsstelle und, sofern die Verfügung von einem Ministerium ausgegangen ist, bei diesem selbst Abhilfe verlangt und entweder eine ablehnende oder innerhalb sechs Wochen eine Entschließung nicht erhalten hat.

Über das Abhilfegesuch ist dem Beteiligten ungesäumt und unentgeltlich Empfangsbescheinigung zu erteilen.

Die Klage muß bei Verlust des Klagerechts innerhalb sechs Monaten, nachdem dem Beteiligten die auf das Abhilfegesuch ergangene Entschließung eröffnet worden ist und, sofern innerhalb der Frist von sechs Wochen eine Entschließung nicht ergangen ist, binnen sechs Monaten nach Ablauf dieser sechswöchigen Frist erhoben werden.

Artikel 178.

Für die Beurteilung der vor dem Gerichte geltend gemachten vermögensrechtlichen Ansprüche sind die Entscheidungen der Verwaltungsbehörden und Disziplinargerichte bindend, welche diese nach ihrem pflichtgemäßen Ermessen zu treffen berechtigt sind, insbesondere die Entscheidungen

1. über Versetzung auf eine andere Amtsstelle,
2. über einstweilige, zeitliche oder dauernde Versetzung in den Ruhestand,
3. über Wiederanstellung,
4. über Dienstentlassung,
5. über Zuweisung des Gehalts, über Versagung und nachträgliche Anweisung der Gehaltsvorrückungen,

6. über den Verlust des Diensteinkommens wegen Fernbleibens vom Amte oder wegen Überschreitung des Urlaubs,
7. über die Höhe der Entschädigungen für Dienstwohnungen, Gärten und sonstige Grundstücke,
8. über die Frage, ob die Einwendungen eines Beamten oder seines Vertreters gegen die Versetzung in den Ruhestand (Artikel 51 Abs. 7) begründet waren oder nicht, und über die Anrechnung einer Dienstzeit nach Artikel 56, 57,
9. über die Voraussetzungen, unter denen der Witwe oder den Kindern eines widerruflichen etatsmäßigen Beamten Witwen- oder Waisengeld zu gewähren ist, ferner
10. die Entscheidungen der Beamten, Behörden und Disziplinargerichte über die Verhängung von Zwangs-, Ordnungs- und Disziplinarstrafen,
11. die Entscheidungen der Dienstbehörden über die vorläufige Enthebung eines Beamten vom Dienste, endlich
12. die Entscheidungen über den Betrag, der einem vorläufig vom Dienste enthobenen Beamten für Stellvertretungskosten an dem einbehaltenen Gehalt abzuziehen ist.

X. Abschnitt.

Verfahren bei Ersatzzuweisungen.

Artikel 179.

Hat ein Beamter durch vorsätzliche oder fahrlässige Verletzung seiner Amtspflicht dem Staate einen Schaden zugefügt, so kann die zuständige Behörde beschließen, daß der Beamte für den Schaden haftbar ist und in welcher Höhe er dem Staate Ersatz zu leisten hat.

Der Beschluß ist mit Gründen zu versehen und dem Beamten unter Belehrung über das ihm zustehende Beschwerderecht zu eröffnen. Auf Verlangen ist ihm eine Abschrift zu behändigen.

Gegen den Beschluß steht dem Beamten die Beschwerde im Instanzenzug offen. Die Frist zur Einlegung der Beschwerde beträgt zwei Wochen vom Tage der Eröffnung an.

Der Beschluß wird mit dem Ablaufe der Beschwerdefrist oder mit der Eröffnung der Entscheidung der letzten Instanz an den Beamten nach Maßgabe der Vorschriften über das Vollstreckungsrecht der Verwaltungsbehörden (Artikel 6, 7 des Ausführungsgesetzes zur Reichs-Zivilprozeßordnung und Konkursordnung) vollstreckbar. Der Beschluß kann auch vorher für vorläufig vollstreckbar erklärt werden, wenn zu befürchten ist, daß der Beamte sein Vermögen der Verwendung zum Ersatze des Schadens entziehen werde oder wenn sonst durch die Aussetzung der Vollstreckung für den Staat ein schwer zu ersetzender Nachteil entstehen würde. Dem Beamten ist in diesem Falle zu gestatten, durch Sicherheitsleistung oder durch Hinterlegung die Vollstreckung abzuwenden.

Artikel 180.

Gegen den vollstreckbaren Beschluß, durch den der Beamte zum Ersatz eines Schadens an den Staat verpflichtet wird, steht ihm sowohl hinsichtlich der Ersatzverbindlichkeit als auch hinsichtlich des Betrags des zu ersetzenden Schadens die Beschreitung des Rechtswegs offen.

Das Klagerecht erlischt binnen einer Ausschlußfrist von einem Jahre. Sie beginnt mit dem Tage, an dem der Beschluß vollstreckbar geworden ist. Auf sie finden die Vorschriften der §§ 203, 206, 207 des Bürgerlichen Gesetzbuchs entsprechende Anwendung.

Die Vorschrift des Artikel 2 des Ausführungsgesetzes zur Reichs-Zivilprozeßordnung und Konkursordnung findet keine Anwendung.

Artikel 181.

Die Vorschriften der Artikel 179, 180 finden auf die in dem Artikel 25 bezeichneten Staatsdienstaspiranten und sonstigen Personen Anwendung.

XI. Abschnitt.

Besondere Vorschriften für einzelne Klassen von Beamten.

A. Staatsminister.

Artikel 182.

Auf die Zivilstaatsminister finden die für unwiderrufliche Beamte geltenden Vorschriften der Abschnitte I bis VI, IX dieses Gesetzes Anwendung, soweit sich nicht aus dem Gesetze vom 4. Juni 1848, die Verantwortlichkeit der Minister betreffend, ein anderes ergibt.

B. Richter der ordentlichen Gerichte und Mitglieder des Verwaltungsgerichtshofs.

Artikel 183.

Die Vorschriften dieses Gesetzes finden auf die Richter der ordentlichen Gerichte und auf die Mitglieder des Verwaltungsgerichtshofs Anwendung, soweit nicht in den Reichsgesetzen, in dem Ausführungsgesetze zum Reichs-Gerichtsverfassungsgesetz, in dem Disziplinargesetze für richterliche Beamte und in dem Gesetz über die Errichtung eines Verwaltungsgerichtshofs und das Verfahren in Verwaltungsrechtssachen ein anderes bestimmt ist.

Für diese richterlichen Beamten gelten folgende weitere besondere Vorschriften:

1. An Stelle des Artikel 27 Abs. 2: Die Stelle eines Richters oder eines Mitglieds des Verwaltungsgerichtshofs darf nicht mit einem Verweser besetzt werden; die Vorschrift des Artikel 2 des Ausführungsgesetzes zu der Grundbuchordnung und zu dem Gesetz über die Zwangsversteigerung und die Zwangsverwaltung bleibt unberührt. Einem richterlichen Beamten darf nicht ein geringerer Gehalt als der in der Gehaltsordnung bestimmte zugewiesen werden; eine Ausnahme gilt nur für die Vorstände der Amtsgerichte und für die Vorstände der Abteilungen der Amtsgerichte,

ihnen muß jedoch mindestens der Gehalt eines Oberamtsrichters zugewiesen werden.

2. An Stelle des Artikel 28 Abs. 2: Die richterlichen Beamten haben einen Anspruch auf Vorrückung im Gehalte nach Maßgabe der Gehaltsordnung und des Dienstalters.
3. Die Artikel 31, 33 Abs. 2 gelten für richterliche Beamte nicht.
4. Zu Artikel 32: Hat das gegen einen richterlichen Beamten eingeleitete Strafverfahren den Verlust des Amtes nicht zur Folge, wird aber wegen des nämlichen Tatbestandes innerhalb zweier Wochen nach der Beendigung des Strafverfahrens ein Disziplinarverfahren eingeleitet, so bleibt die Vorrückung des richterlichen Beamten im Gehalt auch während der Zeit von der Beendigung des Strafverfahrens bis zur Erledigung des Disziplinarverfahrens ausgesetzt. Ist ein anderes Strafverfahren als ein in Artikel 32 bezeichnetes gegen einen richterlichen Beamten anhängig, so kann die Disziplinarkammer vor der Einleitung des Disziplinarverfahrens die Aussetzung der Vorrückung anordnen. Führt das Strafverfahren oder das Disziplinarverfahren zum Verluste des Amtes oder zur Entziehung des Anspruchs auf Vorrückung im Gehalte, so findet eine Nachzahlung der einbehaltenen Beträge nicht staatt.
5. Zu Artikel 35 Abs. 2: Bei richterlichen Beamten bedarf es der in Satz 2 bezeichneten Erlaubnis nicht.
6. Wird ein richterlicher Beamter wider seinen Willen in den Ruhestand versetzt, weil ohne sein Verschulden Umstände gegeben waren, die seine amtliche Wirksamkeit nicht bloß vorübergehend störten, so sind für die Bemessung und Zahlung des Ruhegehalts die Vorschriften der Artikel 39 bis 41 entsprechend anzuwenden.

Die Vorschrift des Artikel 64 Abs. 1 gilt für richterliche Beamte mit der Maßgabe, daß die Richter der ordentlichen Gerichte nicht auf eine andere Stelle als auf eine Richterstelle dieser Gerichte, die Mitglieder des Verwaltungsgerichtshofs nicht auf eine andere Stelle als die Stelle eines Mitglieds dieses Gerichtshofs wider ihren Willen berufen werden können.

7. Die Vorschriften der Artikel 103, 104, 170 finden auf richterliche Beamte nicht Anwendung.
8. Die Vorschriften der Artikel 179, 180 gelten für richterliche Beamte nur insoweit, als sie Hinterlegungsbeamte sind.

C. Mitglieder des Obersten Rechnungshofs.

Artikel 184.

Auf die Mitglieder des Obersten Rechnungshofs finden in Bezug auf den Anspruch auf Gehalt und die Vorrückung im Gehalt, in Bezug auf die Dienstaufsicht und das Dienststrafverfahren, die vorläufige Dienstenthebung, die unfreiwillige Versetzung auf eine andere Stelle und die unfreiwillige Versetzung in den Ruhestand die für die Mitglieder des Verwaltungsgerichtshofs geltenden Vorschriften Anwendung. Hiebei tritt an die Stelle des Verwaltungsgerichtshofs und seiner Mitglieder der Oberste Rechnungshof und seine Mitglieder und an die Stelle des Staatsministers des Innern der Staatsminister der Finanzen.

In Bezug auf die Verfolgung vermögensrechtlicher Ansprüche gegen den Staat findet auf die Mitglieder des Obersten Rechnungshofs die Vorschrift im § 9 des Reichsgerichtsverfassungsgesetzes entsprechende Anwendung.

D. Landtagsbeamte.

Artikel 185.

Unberührt bleiben die Vorschriften in dem Artikel 11 des Gesetzes vom 19. Januar 1872, den Geschäftsgang des Landtags betreffend.

Die Ernennung des Kanzleidirektors der Kammer der Reichsräte erfolgt auf Vorschlag des Direktoriums der Kammer der Reichsräte, die Ernennung des Bureauvorstandes der Kammer der Abgeordneten auf Vorschlag des Direktoriums der Kammer der Abgeordneten.

Die Ernennung des Vorstandes und der Mitglieder des Stenographischen Instituts erfolgt auf Vorschlag der Direktorien der beiden Kammern des Landtags.

Während der Versammlung des Landtags in ordentlicher oder außerordentlicher Tagung sowie während der Tagung eines bei nichtversammeltem Landtag einberufenen Ausschusses steht die Dienstaufsicht über den Landtagsarchivar den Direktorien der beiden Kammern, die Dienstaufsicht über den Kanzleidirektor der Kammer der Reichsräte dem Direktorium der Kammer der Reichsräte, die Dienstaufsicht über den Bureauvorstand der Kammer der Abgeordneten dem Direktorium der Kammer der Abgeordneten zu. Die Stellung des Antrags auf Einleitung des Disziplinarverfahrens und die Zurücknahme dieses Antrags erfolgt während dieser Zeit mit Zustimmung der betreffenden Direktorien.

Der Vorstand und die Mitglieder des Stenographischen Instituts sind während dieser Zeit hinsichtlich ihres Dienstes im Landtags-Stenographenbureau den Direktorien der beiden Kammern untergeordnet.

E. Beamte der Versicherungskammer und des Wasserversorgungsbureaus.

Artikel 186.

Die Beamten, die einer in den besonderen Gehaltsordnungen für den Bereich der Versicherungskammer und den Bereich des Wasserversorgungsbureaus aufgeführten Beamtenklasse angehören und in den in dem Artikel 5 Abs. 1 vorgeschriebenen Formen ernannt werden, sind etatsmäßige Beamte im Sinne des Artikel 2 dieses Gesetzes. Das Dienstverhältnis dieser Beamten ist, soweit sie in dem diesem Gesetz als Anlage II beigefügten Verzeichnis aufgeführt sind, nach einer etatsmäßigen Dienstzeit von drei Jahren unwiderruflich; das Dienstverhältnis der übrigen in den besonderen Gehaltsordnungen aufgeführten etatsmäßigen Beamten ist nach einer etatsmäßigen Dienstzeit von zehn Jahren unwiderruflich.

Die Vorschrift des Artikel 6 Abs. 4 dieses Gesetzes findet entsprechende Anwendung.

Bei dem Übertritt aus einer in den besonderen Gehaltsordnungen aufgeführten Klasse in eine in der Gehaltsordnung im Sinne dieses Gesetzes aufgeführte Klasse und umgekehrt gelten diese Gehaltsordnungen als eine einzige Gehaltsordnung.

F. Hochschulprofessoren.

Artikel 187.

Die Hochschulprofessoren beziehen außer ihrem Gehalte Kollegiengelder und Promotionsgebühren nach Maßgabe der hierüber jeweils bestehenden Vorschriften.

Durch Verordnung kann verfügt werden, daß, soweit die Einnahmen eines Hochschulprofessors aus Kollegiengeldern einen bestimmten jährlichen Höchstbetrag übersteigen, von dem Mehrbetrage der Kollegiengelder dem Hochschulprofessor nur die Hälfte verbleibt, die andere Hälfte dagegen einem bei den einzelnen Hochschulen zu bildenden Fonds zuzufließen hat, der nach Anordnung des zuständigen Staatsministeriums für sachliche und bauliche Bedürfnisse der Hochschule, dann zur Erteilung besoldeter Lehraufträge an Privatdozenten sowie zur Gewährung von Beihilfen an etwa bestehende Witwen- und Waisenkassen zu verwenden ist.

Professoren der Universitäten und der Technischen Hochschule, die das 65. Lebensjahr vollendet haben, können auf ihr Ansuchen von der Verpflichtung zur Abhaltung von Vorlesungen unter Belassung des von ihnen erdienten Gehalts befreit werden.

G. Beamte der aus Kreisfonds unterhaltenen Mittelschulen.

Artikel 188.

Die Beamten der Oberrealschulen, Progymnasien, Realschulen, Lateinschulen, der Kreisbaugewerkschule Kaiserslautern, der landwirtschaftlichen Mittelschulen und Kreisackerbauschulen, die in den in dem Artikel 5 Abs. 1 vorgeschriebenen Formen ernannt werden, sind etatsmäßige Beamte im Sinne des Artikel 2 dieses Gesetzes. Das Dienstverhältnis dieser Beamten ist, soweit sie in dem diesem Gesetz als Anlage III beigefügten Verzeichnis aufgeführt sind, nach einer etatsmäßigen Dienstzeit von drei Jahren, das Dienstverhältnis der übrigen Beamten nach einer etatsmäßigen Dienstzeit von zehn Jahren unwiderruflich.

Die vermögensrechtlichen Ansprüche der etatsmäßigen Beamten der Kreisbaugewerkschule Kaiserslautern und der Kreisackerbauschulen aus ihrem Dienstverhältnis und die ihren Hinterbliebenen gesetzlich eingeräumten vermögensrechtlichen Ansprüche richten sich gegen die Kreisgemeinde, in der diese Beamten angestellt sind.

Die Ansprüche der übrigen in Abs. 1 aufgeführten Beamten auf Wartegeld, Ruhegehalt, Hinterbliebenenversorgung und Unfallfürsorge, dann auf Gewährung von Umzugskosten richten sich gegen den Staat, der auch die Stellvertretungskosten bei diesen Anstalten bestreitet, die sonstigen vermögensrechtlichen Ansprüche der genannten Beamten aus dem Dienstverhältnisse richten sich gegen die Kreisgemeinde, in der sie angestellt sind.

Die Kreisgemeinden sind verpflichtet, die Gehalte des Personals der in Abs. 1 aufgeführten Anstalten vom Tage des Inkrafttretens dieses Gesetzes an in folgender Weise zu bemessen.

1. Es haben zu erhalten:

den gleichen Gehalt wie die Rektoren der humanistischen Gymnasien: die Rektoren der Oberrealschulen;

den gleichen Gehalt wie die Konrektoren der humanistischen Gymnasien: die Konrektoren der Oberrealschulen, die Rektoren der Realschulen in München, Rosenheim, Landshut, Pirmasens, Bamberg, Hof, Ansbach, Fürth und Nürnberg;

den gleichen Gehalt wie die Bezirksamtmänner: die Rektoren der Progymnasien, aller übrigen Realschulen, der Kreisbaugewerkschule Kaiserslautern und der landwirtschaftlichen Mittelschulen;

den gleichen Gehalt wie die Gymnasialprofessoren: die Professoren der Oberrealschulen, Progymnasien, Realschulen und landwirtschaftlichen Mittelschulen, dann die Subrektoren der Lateinschulen und die Vorstände der Kreisackerbauschulen;

den gleichen Gehalt wie die Gymnasiallehrer: die Reallehrer der Oberrealschulen, die Gymnasiallehrer der Progymnasien, die Reallehrer der Realschulen, die Studienlehrer der Lateinschulen, die Lehrer der Kreisbaugewerkschule Kaiserslautern, die Reallehrer der landwirtschaftlichen Mittelschulen und die Lehrer der Kreisackerbauschulen.

2. Die Gehalte der übrigen Beamten der in Abs. 1 aufgeführten Anstalten sind, soweit diese Beamten bisher nach Maßgabe der Vorschriften der Verordnung vom 26. Juni 1894 behandelt wurden, den Gehalten der in die Gehaltsordnung aufgenommenen einschlägigen Beamtenklassen anzugleichen.
3. Dem aushilfsweise verwendeten Lehrpersonale der in Abs. 1 aufgeführten Anstalten sind die gleichen Bezüge zu gewähren, wie dem einschlägigen Personale der aus Staatsmitteln unterhaltenen Mittelschulen.
4. Das Personal der mit Oberrealschulen oder Realschulen organisch verbundenen gewerblichen und technischen Fachschulen ist gleich dem Personale der Hauptanstalten zu behandeln.

Die bisherigen Leistungen der Distrikte und Städte zum Personalaufwande der in Abs. 1 genannten Anstalten sind nach Maßgabe der für das Jahr 1908 festgesetzten Anstaltsetats als Bauschbeträge fortzuentrichten. Die Bauschbeträge werden von fünf zu fünf Jahren nach Maßgabe der bei dem Inkrafttreten dieses Gesetzes zwischen den Kreisen und den Distrikten oder Städten bestehenden oder künftig an deren Stelle tretenden Vereinbarungen neu festgesetzt.

H. Sonstige Beamte der Kreise und Beamte der Stiftungen.

Artikel 189.

Durch Königliche Entschließung können die Vorschriften dieses Gesetzes über die etatsmäßigen Beamten auf die nicht in dem Artikel 188 aufgeführten, aus Kreismitteln besoldeten Beamten und auf die nicht in die Gehaltsordnung aufgenommenen, aus Stiftungsmitteln besoldeten Beamten ganz oder teilweise für entsprechend anwendbar erklärt werden.

Die Dauer der Widerruflichkeit des Dienstverhältnisses dieser Beamten wird in der Königlichen Entschließung bestimmt. Die vermögensrechtlichen Ansprüche aus dem Dienstverhältnisse sowie die den Hinterbliebenen eingeräumten vermögensrechtlichen Ansprüche richten sich bei den aus Kreismitteln besoldeten Beamten gegen die Kreisgemeinde, in der sie angestellt sind, bei den aus Stiftungsmitteln besoldeten Beamten gegen den Staat. Die beteiligten Stiftungen sind dem Staate ersatzpflichtig.

Durch Königliche Entschließung können für die in Abs. 1 genannten Kreisbeamten einheitliche Grundsätze über das Mindestmaß der diesen zu gewährenden Bezüge aufgestellt werden.

J. Beamte der Fachschulen.

Artikel 190.

Den Beamten derjenigen Fachschulen, die ganz oder größtenteils aus staatlichen Mitteln unterhalten werden, kann nach Maßgabe des dienstlichen Bedürfnisses die Eigenschaft von etatsmäßigen Beamten im Sinne des Artikel 2 dieses Gesetzes verliehen werden, sofern ihre Gehalte gleichzeitig der Gehaltsordnung entsprechend geregelt werden. Die Dauer der Widerruflichkeit ihres Dienstverhältnisses ist jeweils entsprechend festzusetzen.

K. Beamte der K. Bank.

Artikel 191.

Durch Königliche Verordnung können die Vorschriften dieses Gesetzes über die etatsmäßigen Beamten ganz oder teilweise auf die Beamten der K. Bank für entsprechend anwendbar erklärt werden.

L. Beamte der Militärverwaltung.

Artikel 192.

Auf die Beamten der Militärverwaltung finden lediglich Abschnitt I, II, VII bis X dieses Gesetzes entsprechende Anwendung unter den nachstehenden besonderen Festsetzungen.

Artikel 193.

Etatsmäßige Beamte sind diejenigen Beamten, die eine in den Besoldungsetats aufgeführte Stelle bekleiden und in den in dem Artikel 5 Abs. 1 vorgeschriebenen Formen ernannt werden.

Artikel 194.

Das Dienstverhältnis der Beamten, die in dem diesem Gesetz als Anlage IV beigefügten Verzeichnis aufgeführt sind, ist nach einer etatsmäßigen Dienstzeit von drei Jahren unwiderruflich.

Das Dienstverhältnis der übrigen etatsmäßigen Beamten ist nach einer etatsmäßigen Dienstzeit von zehn Jahren unwiderruflich.

Artikel 195.

Für das Dienstverhältnis der außeretatsmäßigen Beamten sind die einschlägigen allgemeinen Vorschriften und die mit diesen Beamten abgeschlossenen Dienstverträge maßgebend.

Auf diese Beamten finden die Vorschriften der Artikel 105 bis 107, 111 bis 117, soweit sie sich auf Ordnungsstrafen beziehen, mit der Maßgabe entsprechende Anwendung, daß Geldstrafen bis zum Betrage von einhundert Mark verhängt werden können.

Gegen diese Beamten kann nach Lösung ihres Dienstverhältnisses die in dem Artikel 168 vorgesehene Strafe verhängt werden.

Wird einem außeretatsmäßigen Beamten eine etatsmäßige Stelle übertragen, so wird ihm die in der Eigenschaft eines außeretatsmäßigen Beamten zurückgelegte Dienstzeit auf die Zeit der Widerruflichkeit angerechnet.

Artikel 196.

Artikel 16 dieses Gesetzes gilt für die Militärbeamten neben dem § 49 des Reichs-Militärgesetzes vom 2. Mai 1874.

Die Vorschriften der Artikel 17, 18 finden auf die Beamten der Militärverwaltung nur insoweit Anwendung, als nicht im III. Abschnitte des vorbezeichneten Reichsgesetzes ein anderes bestimmt ist.

Für die Qualifikation der Beamten der Militärverwaltung ist die Qualifikationsvorschrift für das Heer maßgebend Die Einlegung der Beschwerde gegen die Mitteilungen aus den Qualifikationen richtet sich nach der Beschwerdeordnung.

Artikel 197.

Die Vorschriften des Artikel 167 über die Anwendung des Dienststrafrechts für unwiderrufliche Beamte finden auch auf diejenigen Beamten der

Militärverwaltung Anwendung, die vor der Versetzung in den Ruhestand widerruflich waren oder als außeretatsmäßige Beamte mit Pension in den Ruhestand versetzt wurden.

Artikel 198.

Als Gehalt im Sinne der Artikel 8, 9, 107, 109, 164, 174 gilt für die Beamten der Militärverwaltung ihr Diensteinkommen.

Als eine Schmälerung des Diensteinkommens ist es nicht anzusehen, wenn bei der Versetzung die Gelegenheit zur Verwaltung von Nebenämtern entzogen wird, der Wohnungsgeldzuschuß sich mindert oder die Ortszulage oder der Bezug der für Dienstunkosten besonders ausgesetzten Einnahmen mit diesen Unkosten wegfällt.

Artikel 199.

Gegen Militärbeamte, die ausschließlich unter Militärbefehlshabern stehen, verfügt der Kommandierende General des Armeekorps die Einleitung des Disziplinarverfahrens und ernennt den Untersuchungsbeamten. Soweit diese Beamten nicht im Armeekorpsverbande stehen, ist die territoriale Zuständigkeit maßgebend.

Die entscheidende Disziplinarbehörde I. Instanz ist die Militär-Disziplinar-Kommission.

Für jedes Armeekorps tritt die Militär-Disziplinar-Kommission am Standorte des Generalkommandos zusammen. Sie wird aus einem Obersten als Vorsitzenden und sechs anderen Mitgliedern, von denen drei zu den Stabsoffizieren, Hauptleuten und Rittmeistern, die übrigen zu den oberen Beamten der Militärverwaltung gehören müssen, gebildet.

Die Mitglieder der Kommission werden vom Kriegsministerium ernannt.

Die Verrichtungen der Staatsanwaltschaft bei den Militär-Disziplinar-Kommissionen werden von einem durch den Kommandierenden General zu bestimmenden Oberkriegsgerichtsrate wahrgenommen. Im Behinderungsfalle wird ein anderer Oberkriegsgerichtsrat oder ein Kriegsgerichtsrat mit der Stellvertretung beauftragt.

Artikel 200.

Hinsichtlich der von den Militärvorgesetzten über Militärbeamte zu verhängenden Strafen, die nicht in Strafversetzung oder Dienstentlassung bestehen, kommen die auf jene Beamten bezüglichen besonderen Vorschriften zur Anwendung. Dasselbe gilt von der Amtssuspension aller Beamten der Militärverwaltung im Falle des Krieges.

Artikel 201.

Die Vorschriften des Artikel 13 und des Abschnitts X finden auf Personen des Soldatenstandes so weit Anwendung, als sie in Ausübung administrativer Obliegenheiten und Befugnisse einen Schaden verursachen.

Die Zuständigkeit der Dienstesstellen und Behörden zur Beschlußfassung und der Instanzenzug für die Beschwerde werden vom Kriegsministerium geregelt.

Artikel 202.

Die besonderen gesetzlichen Vorschriften über die Verhältnisse der richterlichen Militärjustizbeamten bleiben unberührt.

M. Militärgeistliche.

Artikel 203.

Die mit der Militärseelsorge besonders betrauten Geistlichen haben die Eigenschaft von etatsmäßigen Beamten im Sinne des Artikel 2 dieses Gesetzes.

Das Dienstverhältnis dieser Geistlichen ist nach einer etatsmäßigen Dienstzeit von drei Jahren unwiderruflich.

Die Besoldung wird durch den Militäretat festgesetzt.

N. Gendarmerieoffiziere und Gendarmen.

Artikel 204.

Die Gendarmerieoffiziere sind nicht Beamte im Sinne dieses Gesetzes. Auf sie finden jedoch die für widerrufliche etatsmäßige Beamte geltenden Vorschriften der Abschnitte III, IV, V und VI entsprechende Anwendung.

Für die Gendarmeriemannschaften gelten an Stelle der Vorschriften des VII. Abschnittes die im Verordnungsweg über die Dienstaufsicht und das Dienststrafrecht erlassenen Vorschriften.

O. Eichmeister sowie Steuer- und Gemeinde-Einnehmer.

Artikel 205.

Die Eichmeister sowie die Steuer- und Gemeinde-Einnehmer im Regierungsbezirke der Pfalz gelten als Beamte im Sinne des Artikel 1 dieses Gesetzes. Auf sie finden auch die Vorschriften in dem Artikel 3, dem Artikel 6 Abs. 3, den Artikeln 7, 9 Anwendung.

Als Ordnungsstrafe kann gegen sie eine Geldstrafe bis zum Betrage von dreihundert Mark verhängt werden.

Eichmeister sowie Steuer- und Gemeinde-Einnehmer, welche die Unwiderruflichkeit erlangt haben, können ohne Ansuchen unter denselben Voraussetzungen ihres Amtes enthoben werden, unter denen unwiderrufliche Beamte ohne Ansuchen in den Ruhestand versetzt werden können.

Die Vorschriften des Abschnitts VI finden auf die Eichmeister sowie die Steuer- und Gemeinde-Einnehmer keine Anwendung.

P. Weibliche Beamte.

Artikel 206.

Auf die weiblichen Beamten finden die Vorschriften dieses Gesetzes mit der Maßgabe Anwendung, daß

1. mit ihrer Verehelichung das Dienstverhältnis dauernd widerruflich wird, auch wenn es bereits unwiderruflich war;
2. für die Dauer der Ehe der Anspruch auf Ruhegehalt ruht;
3. im Falle durch die Ehe ein Anspruch auf Witwengeld aus der Staats- oder einer sonstigen öffentlichen Kasse erworben wurde, der Ruhegehalt nur so weit gewährt wird, als er das Witwengeld übersteigt;
4. den Kindern ein Anspruch auf Waisengeld nicht zusteht.

Die Beschränkungen in Ziff. 2 bis 4 finden auf die Fälle keine Anwendung, in denen die Gewährung der Unfallfürsorge in Frage kommt. Im Falle der Ziff. 3 wird jedoch das Witwengeld aus der Staatskasse nur so weit gewährt, als dieses den Betrag der Unfallpension übersteigt.

Im Falle ihrer Verehelichung nach eingetretener Versetzung in den Ruhestand kann den weiblichen Beamten auf ihren Antrag eine einmalige Abfindung bis zum fünffachen Betrage des Ruhegehalts gewährt werden.

XII. Abschnitt.

Schluß- und Übergangsbestimmungen.

Artikel 207.

Dieses Gesetz tritt am 1. Januar 1909 in Kraft.

Artikel 208.

Mit dem Zeitpunkte des Inkrafttretens dieses Gesetzes gelten alle im Dienste befindlichen Beamten und Bediensteten, die vor diesem Zeitpunkt in pragmatischer oder in nichtpragmatischer statutsmäßiger Diensteseigenschaft angestellt waren und in eine in der Gehaltsordnung aufgeführte Beamtenklasse übergeleitet werden, als etatsmäßige Beamte im Sinne dieses Gesetzes.

Das Gleiche gilt von den im Bereiche der Versicherungskammer und des Wasserversorgungsbureaus im Dienste befindlichen Beamten und Bediensteten, die vor dem Inkrafttreten dieses Gesetzes in pragmatischer oder in nichtpragmatischer statusmäßiger Diensteseigenschaft angestellt waren und in eine in den besonderen Gehaltsordnungen für diese Beamten aufgeführte Beamtenklasse übergeleitet werden.

Das Gleiche gilt ferner von den im Dienste befindlichen Beamten und Bediensteten der Oberrealschulen, Progymnasien, Realschulen, Lateinschulen, der Kreisbaugewerkschule Kaiserslautern, der landwirtschaftlichen Mittelschulen und Kreisackerbauschulen, die vor dem Inkrafttreten dieses Gesetzes in pragmatischer oder in nichtpragmatischer statusmäßiger Diensteseigenschaft angestellt waren und gemäß Artikel 188 Abs. 4 an eine in der Gehaltsordnung aufgeführte Beamtenklasse angeglichen werden.

Das Gleiche gilt endlich von den mit der Militärseelsorge besonders betrauten Geistlichen, deren Besoldung in Angleichung an die Gehaltsordnung für die Staatsbeamten durch den Militäretat festgestellt wird.

Mit dem Inkrafttreten dieses Gesetzes gelten die im Dienste befindlichen auf Lebenszeit angestellten etatsmäßigen Beamten der Militärverwaltung als unwiderrufliche, die auf Kündigung angestellten etatsmäßigen Beamten als widerrufliche etatsmäßige Beamte.

Artikel 209.

Für den Eintritt der Unwiderruflichkeit des Dienstverhältnisses (Artikel 6 Abs. 2, 3) wird den in dem Artikel 208 bezeichneten Beamten und Bediensteten die Zeit, die sie in einer unter den Artikel 208 fallenden Diensteseigenschaft bereits zurückgelegt haben, nach Maßgabe der Vorschriften dieses Gesetzes angerechnet.

In gleicher Weise wird den Eichmeistern sowie den Steuer- und Gemeinde-Einnehmern im Regierungsbezirke der Pfalz für den Eintritt der Unwiderruflichkeit die Dienstzeit angerechnet, die sie in dieser oder in einer unter den Artikel 208 fallenden Diensteseigenschaft zurückgelegt haben.

Für die vor dem Inkrafttreten dieses Gesetzes angestellten pragmatischen Beamten (Artikel 208), für die im Zeitpunkte des Inkrafttretens das dreijährige Dienstesprovisorium noch nicht abgelaufen ist, tritt, auch soweit sie unter den Artikel 6 Abs. 3 dieses Gesetzes fallen, die Unwiderruflichkeit nach Ablauf der im § 2 der IX. Beilage zur Verfassungsurkunde bestimmten dreijährigen Frist ein, sofern nicht nach dem Abs. 1 des gegenwärtigen Artikels die Unwiderruflichkeit früher eintritt.

Für die vor dem Inkrafttreten dieses Gesetzes auf Kündigung angestellten etatsmäßigen Beamten der Militärverwaltung richtet sich die Lösung des Dienstverhältnisses noch nach den bisherigen Vorschriften.

Artikel 210.

Den Beamten und Bediensteten der Pfälzischen Eisenbahnen, die bei der Übernahme dieser Eisenbahnen durch den Bayerischen Staat zu etatsmäßigen Beamten im Sinne dieses Gesetzes ernannt werden, wird für den Eintritt der Unwiderruflichkeit des Dienstverhältnisses (Artikel 6 Abs. 2, 3) die Zeit, die sie als „Angestellte" im Dienste der Pfälzischen Eisenbahnen bereits zurückgelegt haben, nach Maßgabe der Vorschriften dieses Gesetzes angerechnet.

Soweit solche Beamte der Pfälzischen Eisenbahnen bei ihrer Einreihung in die Gehaltsordnung einer Klasse von Beamten der Staatseisenbahnverwaltung zugeteilt werden, die bis zum Inkrafttreten dieses Gesetzes nach Maßgabe der IX. Beilage zur Verfassungsurkunde angestellt wurden, sind sie nach Ablauf von drei Jahren seit dem Zeitpunkte, der nach den Übernahmeverhandlungen als Zeitpunkt ihrer pragmatischen Anstellung zu erachten ist, unwiderruflich, wenn nicht nach dem Abs. 1 dieses Artikels die Unwiderruflichkeit früher eintritt.

Diejenigen Beamten und Bediensteten der Pfälzischen Eisenbahnen, die beim Übergange dieser Eisenbahnen auf den Bayerischen Staat gemäß Artikel 5 Abs. 1 der Gesetzes vom 7. Dezember 1905, die Erwerbung der Pfälzischen Eisenbahnen für das K. Staatsärar betreffend, unter denselben Bedingungen übernommen werden, unter denen sie von den Pfälzischen Eisenbahngesellschaften angestellt worden sind, können von dem Zeitpunkt an, in dem sie als unwiderruflich zu erachten wären, wenn sie als etatsmäßige Beamte im Sinne dieses Gesetzes (Abs. 1) übernommen worden wären, nur durch Erkenntnis der Disziplinargerichte zur Strafe entlassen werden. Wieweit im übrigen Vorschriften dieses Gesetzes auf solche Beamte entsprechende Anwendung finden, wird durch Königliche Entschließung bestimmt.

Artikel 211

Die Vorschriften, nach denen die im Zeitpunkte des Inkrafttretens dieses Gesetzes im Dienste befindlichen Beamten und Bediensteten (Artikel 208) in die Klassen der neuen Gehaltsordnung überzuleiten sind, werden durch Verordnung erlassen.

Stand ein Beamter bisher im Genuß eines höheren als des regulativmäßigen Grundgehalts, so ist ihm bei der Überleitung der treffende Mehrbetrag zu dem in der neuen Gehaltsordnung bestimmten Anfangsgehalt mit der Maßgabe zuzusetzen, daß die in der Gehaltsordnung vorgesehenen Gehaltsvorrückungen zu diesem erhöhten Grundgehalt, jedoch nicht über den Betrag von zwölftausend Mark hinaus, gewährt werden.

Beamte, die infolge der neuen Gehaltsvorschriften bei der Überleitung oder in einem späteren Zeitpunkt ein geringeres Gesamteinkommen beziehen würden, als sie bei fortdauernder Gültigkeit der seitherigen Vorschriften in ihrer seitherigen Dienstesstelle bezogen hätten, erhalten für die Dauer dieser Einbuße den nach den früheren Vorschriften sich berechnenden Mehrbezug als persönliche Zulage.

Bei der Abgleichung des bisherigen und des künftigen Diensteinkommens werden Einkommensbestandteile, die ihrer Natur nach steigend und fallend sind, mit dem Betrag angesetzt, der sich für die beim Inkrafttreten des Gesetzes innegehabte Dienstesstelle nach dem Anfalle der letzten drei Rechnungsjahre als Jahresdurchschnitt ergibt, sofern solche Einkommensbestandteile erst kürzere Zeit auf dieser Stelle angefallen sind, nach dem Jahresdurchschnitte des Anfalls während dieser Zeit.

Der Jahresbetrag der persönlichen Zulagen ist nach oben so abzurunden, daß sich bei Teilung durch drei volle Markbeträge ergeben.

In Bezug auf den Beginn, die Zahlung und die Einziehung der persönlichen Zulagen finden die Vorschriften in dem Artikel 34 Abs. 2 bis 4 entsprechende Anwendung.

Auf die Beamten im Verwaltungsdienste der Hochschulen finden die Vorschriften dieses Artikels mit der Maßgabe Anwendung, daß ihnen die für Besorgung ihres Hauptamts zur Zeit des Inkrafttretens dieses Gesetzes neben dem Gehalt eingeräumten Nebenbezüge als persönliche Zulage verbleiben und daß auf einen etwaigen Mehrbetrag des Gehalts, der sich für sie nach den neuen Gehaltsvorschriften gegenüber den seitherigen Vorschriften ergibt, ein jenem Mehrbetrag entsprechender Betrag der Nebenbezüge aufgerechnet wird. Soweit die Zuweisung solcher Nebenbezüge nicht in unentziehbarer Weise erfolgt ist, sind sie nach näherer Festsetzung des zuständigen Staatsministeriums auf einen unüberschreitbaren Höchstbetrag zurückzuführen oder sonst zu ermäßigen.

Hat ein Beamter im Zeitpunkte seiner Versetzung in den Ruhestand oder seines Ablebens infolge der für die Überleitung verfügten Sperre der letzten oder der beiden letzten Dienstaltersstufen nicht den seinem Dienstalter entsprechenden Gehalt bezogen, so wird der Bemessung des Ruhegehalts und des Witwen- und Waisengeldes das pensionsfähige Diensteinkommen zugrunde gelegt, das sich berechnet hätte, wenn die Sperre nicht verfügt gewesen wäre.

Artikel 212.

Für die Beamten und Bediensteten (Artikel 208), die vor oder mit dem Inkrafttreten dieses Gesetzes in den Ruhestand versetzt wurden, bleiben die seitherigen Pensionsvorschriften in Kraft.

Ebenso bleiben für die Hinterbliebenen derjenigen Beamten und Bediensteten die vor dem Inkrafttreten dieses Gesetzes gestorben sind oder in diesem Zeitpunkt im Ruhestande sich befinden, die seitherigen Vorschriften über die einmalige Abfertigung sowie über die Pensionen und Unterhaltsbeiträge auch fernerhin mit der Maßgabe in Kraft, daß die Vorschriften des Artikel 72 und des Artikel 74 Abs. 4 des gegenwärtigen Gesetzes entsprechende Anwendung finden. Für die in Satz 1 bezeichneten Unterhaltsbeiträge tritt die Vorschrift des Artikel XXIV § 23 d der Hauptlandespragmatik vom 1. Januar 1805 außer Kraft.

Die Vorschriften über das Erfordernis einer Erlaubnis zum Genuß einer Pension oder eines Unterhaltsbeitrags im Auslande treten für die Fälle der Abs. 1, 2 außer Kraft.

Artikel 213.

Bleibt für einen Beamten (Artikel 208), der sich vor dem Inkrafttreten dieses Gesetzes im aktiven Dienste befand und nach diesem Zeitpunkt in den Ruhestand versetzt wurde, das nach Abschnitt IV dieses Gesetzes sich berechnende Wartegeld oder der nach Abschnitt IV und VI dieses Gesetzes sich berechnende Ruhegehalt hinter dem Betrage zurück, der sich bei fortdauernder Gültigkeit der seitherigen Vorschriften über die Gehalte und Pensionen der Staatsbeamten und Staatsbediensteten berechnet hätte, wenn der Beamte bis zu seiner Versetzung in den Ruhestand in der vor dem Inkrafttreten dieses Gesetzes zuletzt innegehabten Dienstesstellung weitergedient hätte, so wird ihm dieser höhere Betrag gewährt.

Wurde bei der Berechnung der Pensionen nach den seitherigen Vorschriften eine Dienstzeit angerechnet, deren Anrechnung nach den Vorschriften dieses Gesetzes ausgeschlossen ist, so ist diese Dienstzeit für die vor dem Inkrafttreten dieses Gesetzes ernannten Beamten auch der Bemessung des Ruhegehalts nach den Vorschriften dieses Gesetzes zugrunde zu legen.

Artikel 214.

Bleibt das nach den Abschnitten V und VI dieses Gesetzes sich berechnende Witwen- und Waisengeld hinter dem Betrage zurück, der sich bei fortdauernder Gültigkeit der seitherigen Vorschriften über die Gehalte und Pensionen der Beamten und über die Pensionen und Unterhaltsbeiträge der Hinterbliebenen berechnet hätte, wenn der Beamte bis zu seiner Versetzung in den Ruhestand oder im Falle seines Ablebens im aktiven Dienste bis zum Zeitpunkte seines Ablebens in der vor dem Inkrafttreten dieses Gesetzes zuletzt innegehabten Dienstesstellung weitergedient hätte, so wird den Hinterbliebenen der höhere Betrag gewährt.

Sind für einen Teil der Hinterbliebenen die bisherigen Vorschriften, für einen anderen Teil aber die Vorschriften der Abschnitte V und VI dieses Gesetzes günstiger, so wird für jeden Teil das Witwen- und Waisengeld nach der für ihn günstigeren Vorschrift angewiesen.

Ist das Witwen- und Waisengeld nach den Vorschriften dieses Gesetzes bezogen worden, so kann, vorbehaltlich der Vorschriften in Abs. 4 dieses Artikels und in Artikel 215, in einem späteren Zeitpunkte die Anwendung der früheren Vorschriften nicht mehr in Anspruch genommen werden.

Den Kindern der bereits vor dem Inkrafttreten dieses Gesetzes in pragmatischer Eigenschaft ernannten Beamten bleibt der Anspruch auf den Fortbezug der Unterhaltsbeiträge nach Maßgabe des Artikel XXIV §§ 10 bis 13 der Hauptlandespragmatik über das einundzwanzigste Lebensjahr hinaus gewahrt, und zwar auch dann, wenn sie bis zur Vollendung des einundzwanzigsten Lebensjahrs das Waisengeld nach den Vorschriften des gegenwärtigen Gesetzes beziehen.

Artikel 215.

Den Söhnen und Töchtern der Staatsminister, Ministerialreferenten, Kollegialpräsidenten und Kollegialdirektoren, die diese Dienstesstellung schon vor dem Inkrafttreten dieses Gesetzes eingenommen haben, bleibt der ihnen durch Artikel XXIV § 9 der Hauptlandespragmatik eingeräumte Anspruch auf den Genuß des Unterhaltsbeitrags bis zur Versorgung oder bis zum Ableben nach Maßgabe der bisherigen Pensionsvorschriften gewahrt, und zwar auch dann, wenn das bis zur Vollendung des einundzwanzigsten Lebensjahrs bezogene Waisengeld nach den Vorschriften in den Abschnitten V und VI des gegenwärtigen Gesetzes berechnet war.

Das Gleiche gilt von den Söhnen und Töchtern der Kollegialräte, die diese Dienstesstellung schon vor dem Inkrafttreten dieses Gesetzes eingenommen haben, und zwar gleichviel, ob diese Beamten die nach Artikel XXIV § 9 der Hauptlandespragmatik und Abschnitt III Ziffer 78b des Abschieds für die Ständeversammlung des Königreichs Bayern vom 29. Dezember 1831 erforderliche fünfundzwanzigjährige Kollegialratsdienstzeit oder das bestimmte Dienst- oder Lebensalter vor dem Inkrafttreten des gegenwärtigen Gesetzes vollendet haben oder nach diesem Zeitpunkte vollenden werden.

Der Berechnung des Unterhaltsbeitrags ist in den Fällen der Abs. 1, 2 die Witwenpension zugrunde zu legen, die sich bei fortdauernder Gültigkeit der seitherigen Vorschriften über die Gehalte und Pensionen der Staatsbeamten ergeben hätte, wenn der Beamte bis zu seiner Versetzung in den Ruhestand oder bis zu seinem Ableben in der vor dem Inkrafttreten dieses Gesetzes zuletzt innegehabten Dienstesstellung verblieben wäre.

Wird ein Kollegialrat, der diese Dienstesstellung schon vor dem Inkrafttreten dieses Gesetzes eingenommen hat, auf Grund des Artikel 48 Ziff. 1 dieses Gesetzes oder des Artikel 71 Ziff. 1 Halbsatz 1 oder des Artikel 79 Abs. 3 Ziff. 1 Halbsatz 1 des Disziplinargesetzes für richterliche Beamte in den Ruhestand versetzt, bevor er fünfundzwanzig Jahre lang als Kollegialrat gedient hat, so sind seinen Söhnen und Töchtern die im Artikel XXIV § 9 der Hauptlandespragmatik eingeräumten Vorteile zu gewähren, wenn er den Zeitpunkt erlebt, mit dessen Eintritt er entweder die fünfundzwanzigjährige Dienstzeit als Kollegialrat vollendet oder den Anspruch erworben haben würde, auf Grund des § 22B oder C der IX. Beilage zur Verfassungsurkunde in den Ruhestand versetzt zu werden, falls diese Bestimmungen noch in Geltung wären.

Artikel 216.

In Bezug auf den Beginn, die Zahlung und die Einziehung der auf Grund des Artikel 213 und des Artikel 214 Abs. 1 bis 3 nach den früheren Vorschriften angewiesenen Wartegelder, Pensionen und Unterhaltsbeiträge finden die Vorschriften in den Artikeln 40, 41, 43 bis 45, 59 bis 67, in dem Artikel 71 Abs. 2, dem Artikel 74 Abs. 4, dem Artikel 82, dem Artikel 83 Abs. 2 Satz 1, den Artikeln 84 bis 86 entsprechende Anwendung.

Auf die nach Maßgabe des Artikel 214 Abs. 4 und des Artikel 215 angewiesenen Unterhaltsbeiträge findet Artikel 212 Abs. 2 Satz 2 und Abs. 3 Anwendung.

Artikel 217.

Für die zur Zeit des Inkrafttretens dieses Gesetzes im Amte befindlichen Hochschulprofessoren, die nicht binnen einer ihnen vorzusetzenden Frist ihr Einverständnis mit einer auf Grund des Artikel 187 Abs. 2 erfolgenden Regelung erklären, bleiben in Bezug auf die Höhe ihres Diensteinkommens und ihres Ruhegehalts sowie für die Bemessung des Witwen- und Waisengeldes ihrer Hinterbliebenen die seitherigen Vorschriften in Kraft. Artikel 187 Abs. 3 hat für solche Hochschulprofessoren keine Geltung.

Artikel 218.

Die Artikel 210 bis 217 finden auf Beamte der Militärverwaltung keine Anwendung.

Artikel 219.

Für die im Zeitpunkte des Inkrafttretens dieses Gesetzes bereits anhängigen Dienststrafsachen verbleibt es in Ansehung des Verfahrens bei den bisherigen Vorschriften.

Für die Entscheidung der Frage, ob hinsichtlich der auszusprechenden Strafen die bisherigen Vorschriften oder die Vorschriften dieses Gesetzes anzuwenden sind, ist der § 2 Abs. 2 des Reichs-Strafgesetzbuchs maßgebend. Auf die Strafe der Suspension und auf Haft oder Arrest kann nicht mehr erkannt werden.

Artikel 220.

Alle diesem Gesetz entgegenstehenden Vorschriften treten, soweit nicht in den Artikeln 212 bis 217, 222 Vorbehalte gemacht sind, für die Beamten im Sinne dieses Gesetzes außer Kraft.

Insbesondere treten für diese Beamten, unbeschadet dieser Vorbehalte, außer Wirksamkeit:

1. die landesherrliche Verordnung vom 1. Januar 1805, die Verhältnisse der Staatsdiener vorzüglich in Beziehung auf ihren Stand und Gehalt betreffend, (Hauptlandespragmatik);
2. Titel V § 6 der Verfassungsurkunde vom 26 Mai 1818;

3. die IX. Beilage zur Verfassungsurkunde, Edikt über die Verhältnisse der Staatsdiener vorzüglich in Beziehung auf ihren Stand und Gehalt;
4. Abschnitt III Ziffer 78b des Abschieds für die Ständeversammlung des Königreichs Bayern vom 29. Dezember 1831.

Aufgehoben werden:
1. die landesherrliche Verordnung vom 23. April 1806, die Gratifikationen der Staatsdiener betreffend;
2. § 7 Ziff. Ie der landesherrlichen Verordnung vom 31. Juli 1817, die Organisation der Generaladministration der Posten betreffend;
3. § 19 des Abschieds für den Landtag des Königreichs Bayern vom 28. April 1872;
4. Abschnitt IIIA § 12 des Abschieds für den Landtag des Königreichs vom 29. Juli 1876.

Artikel 221.

Das Gesetz vom 4. Juni 1848, die Verantwortlichkeit der Minister betreffend, wird dahin geändert:

I. Im Artikel I werden die Worte „welcher hiedurch einen sofort unentziehbaren Standesgehalt von 3000 fl. erhält, sofern ihm nicht aus früheren Dienstesverhältnissen ein höherer zukommt", ersetzt durch die Worte: „welcher hiedurch einen sofort unentziehbaren Anspruch auf Ruhegehalt und auf Hinterbliebenenversorgung nach Maßgabe der für unwiderrufliche Beamte geltenden Vorschriften erhält."

II. Im Artikel III werden
1. im Abs. 1 die Worte „ohne Rücksicht auf § 24 der IX. Verfassungsbeilage" gestrichen;
2. der Abs. 2 erhält folgende Fassung:

„Der auf diese Weise infolge seiner Bitte sowie der aus eigenem Antriebe des Königs enthobene Staatsminister erhält den im Artikel I bestimmten Ruhegehalt; der König kann ihm innerhalb des gesetzlich zulässigen Höchstbetrags einen höheren Ruhegehalt zuweisen".

III. Im Artikel IX Ziff. 1 werden die Worte „nach § 19 der Verfassungsbeilage IX“ gestrichen.

Artikel 222.

Das Ausführungsgesetz vom 23. Februar 1879 zum Reichs-Gerichtsverfassungsgesetze wird dahin geändert:

I. Der Artikel 23 erhält folgende Fassung:

„Zu dem Amte eines Schöffen sollen nicht berufen werden:

1. der Präsident, die Senatspräsidenten und die Mitglieder des Verwaltungsgerichtshofs;
2. der Präsident und die Räte des Obersten Rechnungshofs;
3. der Präsident und die übrigen ständigen Mitglieder des Landesversicherungsamts im Hauptamte.

Welche weiteren höheren Verwaltungsbeamten zu dem Amte eines Schöffen nicht berufen werden sollen, wird durch Verordnung bestimmt.“

II. Im Artikel 71 Abs. 1 werden die Worte „einhundert Mark“ ersetzt durch die Worte „fünfzig Mark.“

Ferner wird dem Abs. 1 der weitere Satz beigefügt:

„Die Zwangsstrafen werden den Wohlfahrtseinrichtungen für die Beamten zugewiesen.“

Im übrigen bleiben die Vorschriften dieses Gesetzes unberührt.

Artikel 223.

Das Gesetz vom 18. August 1879 zur Ausführung der Reichs-Strafprozeßordnung wird dahin geändert:

I. Der Artikel 107, der Artikel 113 Abs. 2 und die Artikel 115, 116 werden aufgehoben.

II. Die Artikel 103 bis 106, 108 bis 111, 114 finden auf Beamte keine Anwendung, deren Dienststrafrecht durch das Beamtengesetz geregelt ist.

Artikel 224.

Das Disziplinargesetz für richterliche Beamte vom 26. März 1881 wird dahin geändert:

1.

Der Artikel 2 Abs. 1 erhält folgende Fassung:

„Die Strafverfolgung von Dienstvergehen verjährt in fünf Jahren. Verstößt die Tat auch gegen ein Strafgesetz, so verjährt die Strafverfolgung des Dienstvergehens nicht, bevor die Strafverfolgung der Straftat verjährt ist."

2.

Als Artikel 4a und 4b werden folgende Vorschriften eingestellt:

„Artikel 4a.

Der Richter, dem von einer Aufsichtsbehörde auf Grund des Artikel 3 eine Ermahnung oder Warnung erteilt worden ist, kann die Entscheidung der Disziplinarkammer darüber beantragen, ob ihm ein Dienstvergehen zur Last fällt. Der Antrag schließt die Einlegung einer Beschwerde gegen die Verfügung der Aufsichtsbehörde, die Einlegung einer Beschwerde den Antrag aus.

Fällt dem Richter ein Dienstvergehen nicht zur Last, so hebt die Disziplinarkammer die Verfügung der Aufsichtsbehörde auf.

Fällt dem Richter ein Dienstvergehen zur Last, ohne daß die Voraussetzungen des Artikel 4 Abs. 1 gegeben sind, so weist die Disziplinarkammer den Antrag des Richters zurück.

Sind die Voraussetzungen des Artikel 4 Abs. 1 gegeben, so ist das Disziplinarverfahren einzuleiten.

Gegen den Beschluß der Disziplinarkammer steht dem Staatsanwalt und dem Richter die Beschwerde an den Disziplinarhof zu.

Artikel 4b.

Bevor die Aufsichtsbehörde auf Grund des Artikel 3 eine Ermahnung oder Warnung erteilt, kann sie die Entscheidung der Disziplinarkammer darüber beantragen, ob dem Richter ein Dienstvergehen zur Last fällt.

Der Artikel 4a Abs. 5 findet Anwendung."

3.

1. Im Artikel 5 erhält Abs. 1 folgende Fassung:
„Die Disziplinarstrafen sind:
   1. Verweis;
   2. Geldstrafe bis zum Betrage des einmonatigen Gehalts;
   3. Entziehung des Anspruchs auf Vorrückung im Gehalt auf die Dauer von höchstens drei Jahren;
   4. Strafversetzung;
   5. Dienstentlassung."
2. Dem Abs. 2 wird folgender weiterer Satz beigefügt:
„Die Geldstrafen werden den Wohlfahrtseinrichtungen für die Beamten zugewendet."
3. Zwischen Abs. 2 und Abs. 3 wird folgender neuer Absatz eingefügt:
„Erkennt das Disziplinargericht auf Entziehung des Anspruchs auf Vorrückung im Gehalte, so hat es zugleich zu bestimmen, ob und wieweit dadurch der Zeitpunkt für die späteren Gehaltsvorrückungen hinausgeschoben wird."
4. Die beiden letzten Absätze erhalten folgende Fassung:
„Die Dienstentlassung hat den Verlust des Titels und der Dienstabzeichen sowie des Anspruchs auf Diensteinkommen, Ruhegehalt und Hinterbliebenenversorgung von Rechts wegen zur Folge. Lassen besondere Umstände eine mildere Beurteilung zu, so kann in dem Urteile des Disziplinargerichts ausgesprochen werden, daß dem Angeschuldigten vom Zeitpunkte seiner Entlassung an auf Lebenszeit oder auf bestimmte Zeit als Unterhaltsbeitrag

ein Teil des Ruhegehalts zu gewähren sei, den er anzusprechen hätte, wenn er im Zeitpunkte der Entlassung in den Ruhestand versetzt würde. Auch kann bei gleicher Voraussetzung den Hinterbliebenen des aus dem Dienste entlassenen Richters durch das Urteil des Disziplinargerichts der Anspruch auf Versorgung ganz oder teilweise, mit oder ohne Zeitbeschränkung vorbehalten werden.

Liegen berücksichtigungswerte Verhältnisse vor, so kann durch Königliche Entschließung dem aus dem Dienste entlassenen Richter oder seiner Familie ausnahmsweise sofort oder später ein widerruflicher Unterhaltsbeitrag gewährt werden; der Unterhaltsbeitrag soll jedoch in der Regel die Hälfte des Betrages nicht übersteigen, der sich als Ruhegehalt berechnet hätte, wenn der entlassene Richter im Zeitpunkte seiner Dienstentlassung in den Ruhestand versetzt worden wäre. Unter der gleichen Voraussetzung (Satz 1) kann durch Königliche Entschließung den Hinterbliebenen eines aus dem Dienste entlassenen Richters ausnahmsweise ein widerruflicher Unterhaltsbeitrag gewährt werden; dieser soll in der Regel die Hälfte der Beträge nicht übersteigen, die sie als Witwen- und Waisengeld zu beanspruchen hätten, wenn der entlassene Richter im Zeitpunkte der Dienstentlassung gestorben wäre."

4.

Im Artikel 6 wird

1. zwischen Abs. 1 und Abs. 2 folgender neuer Absatz eingefügt:

„Auf Strafversetzung ist zu erkennen, wenn durch eine Handlung, die ein schweres Dienstvergehen bildet, Umstände gegeben sind, vermöge deren die amtliche Wirksamkeit des Richters auf der bisherigen Stelle in einer nicht bloß vorübergehenden Art gestört wird. Sind solche Umstände zwar nicht ohne Verschulden des Richters gegeben, ist aber das Verschulden nicht derart, daß die Strafversetzung angemessen ist, so kann das Disziplinargericht unabhängig von der Entscheidung über die Strafe aussprechen, daß der Richter unter Vergütung der Umzugskosten auf ein Richteramt von gleicher Dienstesklasse und gleichem Gehalte versetzt werden kann."

2. Die Ziff. 1 des letzten Absatzes erhält folgende Fassung:

„1. wegen Verletzung der Pflicht der Amtsverschwiegenheit sowie in den in den Artikeln 103 bis 105, 109 des Ausführungsgesetzes zur Strafprozeßordnung aufgeführten Fällen."

5.

Der Artikel 8 erhält folgende Fassung:

„Die Vorschriften dieses Gesetzes finden auf die zeitlich oder dauernd in den Ruhestand versetzten Richter mit folgenden Einschränkungen entsprechende Anwendung:

Auf Verweis oder Geldstrafe kann nur wegen Verletzung der Pflicht der Amtsverschwiegenheit erkannt werden. Geldstrafe ist zulässig bis zum Betrage des einmonatigen Ruhegehalts.

Im übrigen ist ein Disziplinarverfahren nur wegen solcher in der Dienstesaktivität oder im Ruhestande begangener Handlungen zulässig, die gegenüber einem aktiven Richter die Dienstentlassung begründen. An Stelle der Dienstentlassung ist auf den Verlust des Titels, der Dienstabzeichen und des Ruhegehalts sowie des Anspruchs auf Hinterbliebenenversorgung zu erkennen. Die Vorschriften des

Artikel 5 Abs. 5 Satz 2, 3 und Abs. 6 finden entsprechende Anwendung."

6.

Der Artikel 9 erhält folgende Fassung:

„Das Disziplinarverfahren wird eingestellt, wenn der Richter unter Verzicht auf Titel und Dienstabzeichen sowie auf Diensteinkommen, Ruhegehalt und Hinterbliebenenversorgung um Entlassung aus dem Staatsdienste nachsucht, vorausgesetzt, daß er in Bezug auf seinen Dienst sich nicht in verschuldetem Rückstande befindet und über eine ihm anvertraute Verwaltung von öffentlichem Vermögen Rechenschaft abgelegt hat.

Gegen einen im Ruhestande befindlichen Richter ist das Disziplinarverfahren einzustellen, wenn der Beschuldigte seinen Verzicht auf Titel, Dienstabzeichen, Ruhegehalt und Hinterbliebenenversorgung erklärt".

7.

Im Artikel 10 Abs. 1 werden nach dem Worte „erhoben" die Worte eingefügt:

„oder ist in einem militärgerichtlichen Verfahren die Anklage verfügt worden."

8.

Der Artikel 14 Abs. 2 erhält folgende Fassung:

„Hinsichtlich der in den Artikeln 8, 81 bezeichneten Richter ist der letzte dienstliche Wohnsitz maßgebend."

9.

Im Artikel 19 Abs. 2 wird das Wort „Oberstaatsanwalt" durch das Wort „Generalstaatsanwalt" ersetzt.

10.

Im Artikel 22 Abs. 2 werden die Worte: „Artikel 5 Ziff. 1 und 2" ersetzt durch die Worte:

„Artikel 5 Abs. 1 Ziff. 1 bis 3."

11.

Zwischen Abs. 1 und Abs. 2 des Artikel 23 wird folgender neuer Absatz eingefügt:

„Vor der Beschlußfassung kann die Disziplinarkammer die Vornahme einzelner Ermittlungen, auch die Vernehmung von Zeugen oder Sachverständigen und die schriftliche Verantwortung des Beschuldigten anordnen.“

12.

Der Artikel 30 erhält folgende Fassung:

„Ist das Disziplinarverfahren eingeleitet, wird jedoch gemäß Artikel 22 Abs. 2 von Einleitung einer Voruntersuchung Umgang genommen, so ist der Beschuldigte mit seiner schriftlichen Verantwortung zu hören und das zur mündlichen Verhandlung etwa weiter Erforderliche vorzubereiten. Die Disziplinarkammer kann insbesondere einzelne Beweiserhebungen anordnen.

Ist die Sache durch die Ermittlungen der Dienstaufsichtsbehörden oder durch Ermittlungen, die von der Disziplinarkammer auf Grund des Artikel 23 Abs. 2 angeordnet worden sind, genügend aufgeklärt und der Beschuldigte im Laufe dieser Erhebungen ausreichend gehört, so kann von weiteren Vorerhebungen abgesehen werden.“

13.

Dem Artikel 33 werden folgende weitere Absätze beigefügt:

„Vor dem Schlusse der Voruntersuchung ist dem Angeschuldigten das Ergebnis mitzuteilen und ihm nochmals Gelegenheit zu seiner Verteidigung zu geben.

Auch im Laufe der Voruntersuchung soll dem Angeschuldigten, soweit es ohne Gefährdung des Untersuchungszwecks geschehen kann, im Interesse seiner Verteidigung von wichtigen oder neuen Beweisergebnissen Mitteilung gemacht werden."

14.

Als Artikel 34a ist folgende Vorschrift einzufügen:

„Beantragt der Staatsanwalt die Verweisung der Sache zur Hauptverhandlung, so hat er eine Anschuldigungsschrift zu fertigen, in welche die wesentlichen Ergebnisse der Ermittelungen aufzunehmen sind. Diese Anschuldigungsschrift ist dem Angeschuldigten zur Erklärung binnen einer von dem Präsidenten zu bestimmenden Frist mitzuteilen."

15.

Als Artikel 36a wird folgende Vorschrift eingestellt:

„Betrifft das Disziplinarverfahren mehrere Dienstvergehen und ist die Feststellung des einen oder des anderen unwesentlich, so kann die Disziplinarkammer nach Vernehmung des Staatsanwalts beschließen, daß in Ansehung eines solchen das Verfahren vorläufig einzustellen ist.

Der Einstellungsbeschluß kann während dreier Monate nach der Rechtskraft des Urteils von der Disziplinarkammer aufgehoben werden."

16.

Im Artikel 39 werden

1. im Abs. 2 die Worte: „unter abschriftlicher Mitteilung der von dem Staatsanwalt anzufertigenden Anschuldigungsschrift, in die auch die wesentlichen Ergebnisse der stattgefundenen Ermittelungen aufzunehmen sind"

   ersetzt durch die Worte:

   „unter abschriftlicher Mitteilung des Beschlusses über die Verweisung der Sache zur Hauptverhandlung (des Verweisungsbeschlusses)."

2. Im Abs. 3 die Worte: „mit dem Vortrag über den Inhalt der Anschuldigungsschrift“ ersetzt durch die Worte: „mit der Verlesung des Verweisungsbeschlusses.“

17.

1. Der Artikel 41 Abs. 1 erhält folgende Fassung:
   „Bei der Hauptverhandlung wird der Verweisungsbeschluß verlesen.“
2. Im Abs. 3 des Artikel 41 werden die Worte:
   „in der Anschuldigungsschrift“
   ersetzt durch die Worte:
   „in dem Verweisungsbeschluß.“

18.

1. Im Artikel 45 wird zwischen Abs. 1 und Abs. 2 folgender neuer Absatz eingefügt:
   „Wird der Angeschuldigte im Laufe der Hauptverhandlung noch eines anderen Dienstvergehens beschuldigt, so kann dieses nach Vernehmung des Staatsanwalts mit Zustimmung des Angeschuldigten zum Gegenstande derselben Aburteilung gemacht werden. Diese Vorschrift findet nicht Anwendung, wenn nach dem Ermessen der Disziplinarkammer wegen des anderen Dienstvergehens voraussichtlich auf Strafversetzung oder auf Dienstentlassung zu erkennen ist. Liegen bezüglich des anderen Dienstvergehens die Voraussetzungen des Artikel 36a vor, so kann nach Maßgabe dieser Vorschrift das Verfahren vorläufig eingestellt werden.“
2. Der bisherige Abs. 3 hat zu lauten:
   „Die Verkündung des Urteils erfolgt am Schlusse der Verhandlung oder spätestens innerhalb der darauffolgenden vierzehn Tage durch Verlesung der Urteilsformel und Eröffnung der Urteilsgründe. Die Eröffnung der Urteilsgründe geschieht durch Verlesung oder durch mündliche Mitteilung ihres wesentlichen

Inhalts. War die Verkündung des Urteils ausgesetzt, so sind die Urteilsgründe vor derselben schriftlich festzustellen. Dem Angeschuldigten ist eine Ausfertigung des Urteils zu erteilen."

19.

Im letzten Absatze des Artikel 54 sind die Worte „Artikel 42 bis 47" zu ersetzen durch die Worte:

„Artikel 42 bis 44, Artikel 45 Abs. 1, 3, 4, 5, Artikel 46, 47".

20.

Der Artikel 55 erhält folgende Fassung:

„Auf die Wiederaufnahme eines durch rechtskräftiges Urteil geschlossenen Verfahrens sind die Vorschriften des vierten Buches der Reichs-Strafprozeßordnung über die Wiederaufnahme des Verfahrens in den vor den Schöffengerichten verhandelten Sachen mit Ausnahme der Vorschriften des § 403, § 411 Abs. 4 entsprechend anzuwenden. Wird eine Beweisaufnahme angeordnet (§ 409), so ist sie nach den für die Voruntersuchung in Disziplinarsachen geltenden Vorschriften durchzuführen. Wird die Erneuerung der Hauptverhandlung angeordnet (§ 410 Abs. 2), so bemißt sich das weitere Verfahren nach den Vorschriften der Art. 39 ff. des gegenwärtigen Gesetzes."

21.

Als Artikel 55a wird folgende Vorschrift eingestellt:

„Der Richter, dessen Unschuld im Wiederaufnahmeverfahren festgestellt wird, kann Ersatz des ihm durch die Strafvollstreckung erwachsenen Vermögensschadens aus der Staatskasse beanspruchen.

Wird ein verurteilter Richter im Wiederaufnahmeverfahren mit einer geringeren Strafe belegt, so kann das Disziplinargericht aussprechen, daß der ihm durch die Strafvollstreckung erwachsene Vermögensschaden ganz oder teilweise aus der Staatskasse ersetzt wird.

Im übrigen finden die Vorschriften des § 1 Abs. 2 bis 4, § 2 Abs. 2, § 3 Abs. 2, §§ 4, 5 des Reichsgesetzes vom 20. Mai 1898, betreffend die Entschädigung der im Wiederaufnahmeverfahren freigesprochenen Personen, entsprechende Anwendung. Der Antrag nach § 5 des Reichsgesetzes ist bei dem Oberstaatsanwalte zu stellen, dem die Verrichtungen der Staatsanwaltschaft bei der Disziplinarkammer obliegen."

22.

Im Artikel 56 werden die Worte: „der Artikel 29, 37 und 64" ersetzt durch die Worte:

„der Artikel 4a, 4b, 29, 37, 56a, 64".

23.

Als Artikel 56a wird folgende Vorschrift eingestellt:

„Wenn der Richter, dem der Anspruch auf Vorrückung im Gehalt entzogen wurde (Artikel 5 Abs. 1 Ziff. 3, Abs. 3), sich nach der Verurteilung längere Zeit gut geführt hat, kann die Disziplinarkammer die Entscheidung hinsichtlich der Zeit, für die der Anspruch auf Vorrückung im Gehalt entzogen ist, und bezüglich des Zeitpunkts der späteren Gehaltsvorrückung zugunsten des Richters ändern. Gegen die Entscheidung steht die Beschwerde zum Disziplinarhof offen.

Aus besonderen Gründen kann die Justizverwaltung die teilweise oder volle Nachzahlung der vorenthaltenen Dienstalterszulage verfügen."

24.

Im Artikel 59 Ziff. 2 sind nach dem Worte „Hauptverfahrens" die Worte einzufügen:

„im militärgerichtlichen Verfahren die Anklageverfügung.“

25.

Der Artikel 60 erhält folgende Fassung:

„Die vorläufige Enthebung vom Amte kann von der Disziplinarkammer verhängt werden,

1. wenn gegen den Richter ein Disziplinarverfahren anhängig ist, bei dem die Verurteilung zur Strafversetzung oder Dienstentlassung in Aussicht steht;
2. wenn gegen den Richter eine Voruntersuchung wegen eines Verbrechens oder Vergehens oder ein Hauptverfahren wegen eines im Artikel 59 Ziff. 2 nicht begriffenen Vergehens eröffnet ist;
3. wenn über das Vermögen des Richters das Konkursverfahren eröffnet ist;
4. wenn gegen den Richter das Entmündigungsverfahren eingeleitet, ferner wenn er entmündigt ist;
5. wenn der Richter unter vorläufige Vormundschaft gestellt ist;
6. wenn die Entscheidung ergangen ist, daß der Richter auf eine andere Stelle versetzt werden kann;
7. wenn das Verfahren nach der sechsten Abteilung eingeleitet ist.

Die Entscheidung erfolgt von Amts wegen oder auf Antrag des Staatsanwalts.

Im Falle des Abs. 1 Ziff. 1 kann die vorläufige Enthebung vom Amte im Laufe des Berufungsverfahrens vom Disziplinarhof auch dann verhängt werden, wenn die Disziplinarkammer darüber nicht entschieden oder sie abgelehnt hat.“

26.

Dem Artikel 61 werden folgende weitere Absätze beigefügt:

„Die Suspension kann verhängt werden im Falle der Ziff. 1 des Artikel 60 bis zur rechtskräftigen Erledigung des Disziplinarverfahrens und für den Fall, daß auf Strafversetzung erkannt wird, für die Zeit bis zum Vollzuge des Urteils, im Falle der Ziff. 2 für die Zeit bis zur rechtskräftigen Erledigung des Strafverfahrens, im Falle der Ziff. 3 für die Dauer des Konkursverfahrens, im Falle der Ziff. 4 für die Dauer des Entmündigungsverfahrens und im Falle der Entmündigung für die Zeit bis zu deren Wiederaufhebung, im Falle der Ziff. 5 für die Dauer der vorläufigen Vormundschaft, im Falle der Ziff. 6 für die Zeit bis zum Vollzuge der Entscheidung, im Falle der Ziff. 7 bis zur Beendigung des Verfahrens und, wenn der Richter freiwillig um die Versetzung in den Ruhestand nachsucht oder seine Versetzung in den Ruhestand für zulässig erklärt wird, bis zur Versetzung in den Ruhestand.

Ist der Richter rechtskräftig zur Strafversetzung verurteilt oder ist er für versetzbar erklärt, so tritt die vorläufige Enthebung vom Amte außer Wirksamkeit, wenn die Versetzung auf eine andere Stelle nicht binnen sechs Monaten von der Rechtskraft des Urteils oder von der Erklärung der Versetzbarkeit an erfolgt ist."

27.

Der Artikel 62 Abs. 1 wird durch folgende Vorschriften ersetzt:

„Während der vorläufigen Enthebung eines Richters vom Amte nach Artikel 59, Artikel 60 Ziff. 1, 2 wird vom Ablaufe des Monats an, in dem sie eintritt, der dritte Teil des Gehalts einbehalten.

Soweit für diese Zeit der Gehalt bereits vorausgezahlt ist, wird der zuviel gezahlte Teilbetrag an der nächstfälligen Gehaltszahlung gekürzt.

In Fällen der Not des Richters ist das Staatsministerium der Justiz ermächtigt, die Einbehaltung auf einen geringeren Teil des Gehalts zu beschränken."

28.

Der Artikel 63 erhält folgende Fassung:

„Der einbehaltene Teil des Gehalts ist zur Deckung der den Richter treffenden Kosten des Verfahrens (Artikel 77), sodann zur Deckung der erkannten Geldstrafe und in den Fällen, in denen das Verfahren zur Strafversetzung oder zum Verluste des Amtes führt, zur Deckung der durch die Vertretung des Richters verursachten Kosten zu verwenden, zur Deckung der Stellvertretungskosten auch, soweit sie wegen der Vollstreckung einer Freiheitsstrafe (Artikel 59 Ziff. 4, Artikel 61 Abs. 1, Abs. 2 Satz 2) erwachsen sind. Stellvertretungskosten, die durch den einbehaltenen Teil des Gehalts nicht gedeckt werden können, fallen dem Richter nicht zur Last. Der nichtverbrauchte Teil des Gehalts ist, wenn das Verfahren zum Verluste des Amtes führt, den Wohlfahrtseinrichtungen für die Beamten zuzuwenden, sonst dem Richter nachzuzahlen."

29.

Der Artikel 71 Ziff. 1 erhält folgende Fassung:

„1. wenn er das fünfundsechzigste Lebensjahr vollendet hat und seine Versetzung in den Ruhestand im Interesse der Rechtspflege liegt oder wenn er durch ein körperliches Gebrechen oder durch Schwäche seiner körperlichen oder geistigen Kräfte zur Erfüllung seiner Amtspflichten unfähig ist."

30.

Dem Artikel 72 wird folgender neuer Absatz beigefügt:

„Ist eine Verständigung mit dem Richter nicht möglich und ist für ihn ein gesetzlicher Vertreter nicht vorhanden, so ist auf Antrag der Aufsichtsbehörde von dem Amtsgerichte, in dessen Bezirk der Richter seinen dienstlichen Wohnsitz hat, ein Pfleger zu bestellen. Die Eröffnung nach Abs. 2 hat an den Pfleger oder an den gesetzlichen Vertreter zu erfolgen."

31.

Der Artikel 73 erhält folgenden weiteren Absatz:

„Ist die Eröffnung an den Pfleger oder an den gesetzlichen Vertreter gemacht worden, so ist die Entscheidung nach Abs. 1 auch dann herbeizuführen, wenn Erinnerungen nicht erhoben worden sind, vorausgesetzt, daß der Staatsminister der Justiz die Sache nicht für beruhend erklärt."

32.

Dem Artikel 74 Abs. 2 ist folgender neuer Satz beizufügen:

„Ist ein Pfleger oder ein gesetzlicher Vertreter bestellt, so ist dieser zu hören."

33.

Im Artikel 77 wird

1. dem Abs. 2 folgender neuer Satz beigefügt:

   „Dasselbe gilt im Falle des Artikel 4a Abs. 3, ferner wenn die von dem Richter nach Artikel 4a Abs. 5 eingelegte Beschwerde erfolglos bleibt."

2. Zwischen Abs. 4 und 5 wird folgender neuer Absatz eingefügt:

   „Wird der Angeschuldigte außer Verfolgung gesetzt oder freigesprochen, so können die ihm erwachsenen notwendigen Auslagen einschließlich der Kosten der Verteidigung der Staatskasse auferlegt werden. Gleiches gilt im Falle des Artikel 4a Abs. 2, ferner dann, wenn die vom Staatsanwalte nach Artikel 4a Abs. 5 eingelegte Beschwerde erfolglos bleibt."

34.

Im Artikel 78 sind die Worte: „vierten und siebenten" zu ersetzen durch die Worte:
„vierten, sechsten und siebenten".

35.

Der Artikel 79 Abs. 3 Ziff. 1 erhält folgende Fassung:
„wenn er das fünfundsechzigste Lebensjahr vollendet hat und seine Versetzung in den Ruhestand im Interesse der Rechtspflege liegt oder wenn er durch ein körperliches Gebrechen oder durch Schwäche seiner körperlichen oder geistigen Kräfte zur Erfüllung seiner Amtspflichten unfähig ist."

36.

Der Artikel 80 wird aufgehoben.

37.

Im Artikel 81 werden
1. die eingeklammerten Worte in Abs. 1 gestrichen.
2. Der Abs. 2 wird durch folgende Vorschrift ersetzt:
„Die Zuständigkeit und das Verfahren bemessen sich nach den Vorschriften dieses Gesetzes."

38.

Die Staatsregierung ist ermächtigt, den Text des Disziplinargesetzes für richterliche Beamte vom 26. März 1881, wie er sich aus den in dem gegenwärtigen Gesetze vorgesehenen Änderungen ergibt, durch das Gesetz- und Verordnungsblatt bekannt zu machen, hiebei die Vorschriften der fünften, sechsten und siebenten Abteilung vor den Vorschriften der vierten Abteilung einzustellen, eine fortlaufende Numerierung der Artikel und die Richtigstellung der Verweisungen vorzunehmen und den Artikel 83 des Gesetzes wegzulassen.

Soweit in Gesetzen auf die Vorschriften des Disziplinargesetzes für richterliche Beamte verwiesen ist, treten die entsprechenden Vorschriften des durch das Justizministerium bekannt gemachten Textes an ihre Stelle.

Artikel 225.

Der Abs. 1 des Gesetzes vom 26. Oktober 1887, die Erläuterung und den Vollzug des Titels II § 18 der Verfassungsurkunde betreffend, erhält folgende Fassung:

„Die von dem Reichsverweser provisorisch ernannten etatsmäßigen Beamten sind während der Reichsverwesung nach Maßgabe des Beamtengesetzes zu behandeln und erlangen insbesondere nach Ablauf der in den Artikeln 6, 186, 188 bis 190, 194 des Beamtengesetzes vorgesehenen Dienstzeit die Unwiderruflichkeit des Dienstverhältnisses. Diejenigen provisorischen Beamten, deren Dienstverhältnis bei Beendigung der Reichsverwesung bereits unwiderruflich geworden ist, behalten die hienach erworbenen Heimatsrechte und Rechte auf Ruhegehalt und Hinterbliebenenversorgung auch für den Fall, daß die von dem Reichsverweser ausgegangenen Ernennungen widerrufen werden sollten. Bei den in der Anlage I zum Beamtengesetz unter Buchstabe A aufgeführten Beamten und bei Notaren kann die Ernennung nach Beendigung der Reichsverwesung nicht widerrufen werden."

Artikel 226.

Das Ausführungsgesetz vom 9. Juni 1899 zum Bürgerlichen Gesetzbuche wird dahin geändert:

I. Der Artikel 60 Abs. 4 Satz 1 erhält folgende Fassung:

„Die im Dienste einer Gemeinde oder eines anderen Kommunalverbandes stehenden Beamten haben dem Verbande den Schaden zu ersetzen, der diesem aus der Verletzung der Amtspflicht entsteht."

II. In dem zweiten Satze des Artikel 60 Abs. 4 werden die Worte „des Staates oder" gestrichen.

III. Der Artikel 175 Abs. 3 wird aufgehoben.

Artikel 227.

Das Notariatsgesetz vom 9. Juni 1899 wird dahin geändert:

I. Dem Artikel 75 Abs. 1 wird folgender weiterer Satz beigefügt:

„Verstößt die Tat auch gegen ein Strafgesetz, so verjährt die Strafverfolgung des Dienstvergehens nicht, bevor die Strafverfolgung der Straftat verjährt ist."

II. Im Artikel 78 Abs. 1 werden nach dem Worte „erhoben" die Worte eingefügt:

„oder ist in einem militärgerichtlichen Verfahren die Anklage verfügt worden"

III. Der Artikel 84 Abs. 1 erhält folgende Fassung:

„Die Vorschriften der Artikel 12 bis 34, 34a, 35, 36, 36a, 37 bis 50, 52 Abs. 1, 54 Abs 2 bis 6, 55, 55a, 56, 58 des Gesetzes vom 26. März 1881 in der Fassung des Artikel 224 des Beamtengesetzes finden auf das Disziplinarverfahren entsprechende Anwendung."

IV. Zwischen Abs. 3 und Abs. 4 des Artikel 90 wird folgender neuer Absatz eingefügt:

„Wird der Angeschuldigte außer Verfolgung gesetzt oder freigesprochen, so können die ihm erwachsenen notwendigen Auslagen einschließlich der Kosten der Verteidigung der Staatskasse auferlegt werden".

V. Im Artikel 92 Ziffer 2 werden nach dem Worte „eröffnet" die Worte eingefügt:

„oder in einem militärgerichtlichen Verfahren die Anklage verfügt."

Artikel 228.

§ 17 Abs. 2 Satz 2 des Finanzgesetzes vom 30. Juni 1900 erhält folgende Fassung:

„Die Höhe dieses Zuschusses wird durch die Budgets der einzelnen Finanzperioden festgesetzt.“

Artikel 229.

Das Schulbedarfsgesetz vom 28. Juli 1902 wird dahin geändert:

I. In dem Artikel 18 werden
1. in dem zweiten und dritten Satze des Abs. 2 die Worte „nichtpragmatisch angestellte Lehrpersonal“ ersetzt durch die Worte „nicht etatsmäßig angestellte Lehrpersonal“;
2. in Abs. 3 die Worte „in nichtpragmatische oder pragmatische lehramtliche Staatsstellen“ ersetzt durch die Worte „in etatsmäßige lehramtliche Staatsstellen“.

II. In dem Artikel 19 werden
1. in dem ersten Satze des Abs. 2 die Worte „das nichtpragmatisch angestellte Lehrpersonal“ ersetzt durch die Worte „das nicht etatsmäßig angestellte Lehrpersonal“;
2. in dem zweiten Satze des Abs. 2 die Worte „in Elementarfächern angestellt“ ersetzt durch die Worte „in Elementarfächern nicht etatsmäßig angestellt“;
3. in dem ersten Satze des Abs. 7 die Worte „in pragmatische lehramtliche Stellungen“ ersetzt durch die Worte „in etatsmäßige lehramtliche Stellungen“.

Artikel 230.

Die zur Ausführung dieses Gesetzes erforderlichen Vorschriften werden, soweit nichts anderes bestimmt ist, von den Ministerien erlassen.

Anlage I.

Verzeichnis

A. der etatsmäßigen Beamten, die sofort mit ihrer Ernennung unwiderruflich sind,

B. der Beamten, die nach einer etatsmäßigen Dienstzeit von drei Jahren unwiderruflich sind.

A. Etatsmäßige Beamte, die sofort mit ihrer Ernennung unwiderruflich sind.

1. Die Richter der ordentlichen Gerichte.
2. Die Mitglieder des Verwaltungsgerichtshofs.
3. Die Mitglieder des Obersten Rechnungshofs.
4. Die ständigen Mitglieder des Landesversicherungsamts im Hauptamte.

B. Beamte, die nach einer etatsmäßigen Dienstzeit von drei Jahren unwiderruflich sind.

1. Gesandte mit dem Gehalte der Regierungspräsidenten.
2. Präsidenten der Kreisregierungen.
3. Präsident des Oberkonsistoriums.
4. Präsident der Generaldirektion der Zölle und indirekten Steuern.
5. Ministerialdirektoren.
6. Generalstaatsanwalt des Obersten Landesgerichts.
7. Generalstaatsanwalt des Verwaltungsgerichtshofs.
8. Präsidenten der Eisenbahndirektionen.
9. Ministerialräte.
10. Geheime Legationsräte I. Klasse.
11. Oberbergdirektor.
12. Oberstaatsanwälte der Oberlandesgerichte.
13. Polizeipräsident.
14. Oberlandstallmeister.
15. Direktor des Statistischen Landesamts.
16. Direktor der Flurbereinigungskommission.
17. Direktor des Hydrotechnischen Bureaus.

18. Direktor des Reichsarchivs.
19. Direktoren der Regierungen, Kammern des Innern.
20. Chef des Gendarmeriekorps.
21. Direktor der Hof- und Staatsbibliothek.
22. Direktor der Akademie der bildenden Künste.
23. Direktor der Gemäldegalerien.
24. Konsistorialdirektor in Speyer.
25. Generaldirektor der Bergwerks-, Hütten- und Salinen-Verwaltung.
26. Direktor der Staatsschuldentilgungsanstalt.
27. Direktor der Rechnungskammer.
28. Direktor des Katasterbureaus.
29. Direktoren der Regierungen, Kammern der Finanzen.
30. Direktoren der Regierungen, Kammern der Finanzen, Forstabteilungen.
31. Regierungsdirektoren der Generaldirektion der Zölle und indirekten Steuern.
32. Oberpostdirektoren.
33. Oberregierungsräte.
34. Geheime Legationsräte II. Klasse.
35. Zentralinspektor für Fabriken und Gewerbe.
36. Staatsanwälte des Obersten Landesgerichts, der Oberlandesgerichte und Landgerichte.
37. Landesinspektor für Tierzucht.
38. Staatsanwälte des Verwaltungsgerichtshofs.
39. Direktor der Polizeidirektion.
40. Rektoren der humanistischen Gymnasien.
41. Rektor der Realgymnasien.
42. Direktor der Akademie der Tonkunst.
43. Direktor des Nationalmuseums.
44. Direktor des Generalkonservatoriums der Kunstdenkmale und Altertümer.
45. Direktor der Akademie für Landwirtschaft und Brauerei.
46. Direktor des Technikums in Nürnberg.
47. Oberkonsistorialräte.
48. Direktor des Hauptmünzamts.
49. Regierungsräte.

50. Legationsräte.
51. Räte des Geheimen Haus- und Staatsarchivs.
52. Oberbergräte.
53. Regierungs- und Gewerberäte.
54. Direktoren der Strafanstalten.
55. Zentralwohnungsinspektor.
56. Räte des Hydrotechnischen Bureaus.
57. Räte des Reichsarchivs.
58. Steuerräte der Flurbereinigungskommission.
59. Landtagsarchivar.
60. Kanzleidirektor der Kammer der Reichsräte.
61. Bureauvorstand der Kammer der Abgeordneten.
62. Vorstand des Stenographischen Instituts.
63. Direktor des Arbeitshauses Rebdorf.
64. Direktor der Agrikulturbotanischen Anstalt.
65. Direktor der Moorkulturanstalt.
66. II. Direktoren der Untersuchungsanstalten für Nahrungs- und Genußmittel.
67. Landgestütstierarzt.
68. Landstallmeister.
69. Gestütsdirektoren.
70. Chef der Schutzmannschaft.
71. Chefs der Gendarmeriekompagnien.
72. Ordentliche Professoren der Universitäten.
73. Ordentliche Professoren der Technischen Hochschule.
74. Ordentliche Professoren der Tierärztlichen Hochschule.
75. Ordentliche Professoren der Lyzeen.
76. Professoren der Akademie der bildenden Künste.
77. Konrektoren der humanistischen Gymnasien.
78. Konrektoren der Realgymnasien.
79. Direktor der Zentralturnlehrerbildungsanstalt.
80. Direktoren der Kunstgewerbeschulen.
81. Direktoren der vollen Lehrerbildungsanstalten und der Schullehrerseminare.
82. Direktor der Baugewerkschule mit Gewerbelehrerinstitut in München.
83. Direktor der Meteorologischen Zentralstation.
84. Direktor der Graphischen Sammlung.
85. Direktor der Ethnographischen Sammlung.

86. Direktor des Münzkabinetts.
87. Oberbibliothekare der Hof- und Staatsbibliothek.
88. Oberbibliothekare der Universitäten.
89. Konsistorialräte.
90. Oberberg- und Salinenräte.
91. Forsträte.
92. Ordentliche Professoren der Forstlichen Hochschule.
93. Steuerräte der Regierungen.
94. Steuerräte des Katasterbureaus.
95. Vorstand der Zentralstaatskasse.
96. Vorstände der Rentämter mit Kasseabteilung.
97. Vorstände der Hauptzollämter.
98. Vorstand der technischen Lehr- und Prüfungsanstalt der Generaldirektion der Zölle und indirekten Steuern.
99. Direktor des Hofbräuamts.
100. Oberposträte.
101. Bezirksamtmänner.
102. Syndici der Hochschulen und der Akademien.
103. Direktor der Musikschule Würzburg.
104. Professoren der Akademie der Tonkunst.
105. Professoren der Akademie für Landwirtschaft und Brauerei.
106. Oberbibliothekar in Bamberg.
107. Regierungsassessoren.
108. Legationssekretäre I. Klasse.
109. Berginspektoren.
110. Oberbergamtsassessoren.
111. Gewerberäte.
112. Inspektoren der Strafanstalten.
113. Inspektoren der Gerichtsgefängnisse.
114. Landwirtschaftliche Fachberater.
115. Bauamtmänner.
116. Vorstände der Sektionen für Wildbachverbauung.
117. Kreisarchivare.
118. Landgerichtsärzte.
119. Steuerassessoren der Flurbereinigungskommission.
120. Obergeometer der Flurbereinigungskommission.
121. Polizeihauptmann.

122. Gendarmerie-Hauptmänner.
123. Professoren der humanistischen Gymnasien.
124. Professoren der Realgymnasien.
125. Professoren der Kunstgewerbeschulen.
126. Professoren des Technikums in Nürnberg.
127. Professoren der Baugewerkschule mit Gewerbelehrerinstitut in München.
128. Universitätsbauamtmänner.
129. Universitätsrentamtmänner.
130. Universitätsforstmeister.
131. Universitätsmusikdirektor in Erlangen.
132. Vorstand der Hebammenschule in Bamberg.
133. Professoren der Hebammenschulen.
134. Konservatoren der Kommission für internationale Erdmessung.
135. Konservatoren der Meteorologischen Zentralstation.
136. Konservatoren der Generalkonservatorien.
137. Konservatoren des Nationalmuseums.
138. Konservatoren der Gemäldegalerien.
139. Konservatoren der Graphischen Sammlung.
140. Bibliothekare der Hof- und Staatsbibliothek.
141. Bibliothekare der Universitätsbibliotheken.
142. Bibliothekare der Bibliothek der Technischen Hochschule.
143. Bibliothekare der Bibliothek in Bamberg.
144. Rentamtmänner.
145. Forstmeister.
146. Bergmeister.
147. Hüttenverwalter.
148. Salineninspektoren.
149. Oberingenieur der Hochofenanlage in Amberg.
150. Hauptkassier der General-Bergwerks- und Salinen Administration.
151. Steuerassessoren der Regierungen.
152. Steuerassessoren des Katasterbureaus.
153. Vorstände der Messungsämter.
154. Obergeometer des Katasterbureaus.
155. Hauptzollamtsverwalter.
156. Zollinspektoren.

157. Steuerinspektoren.
158. Zentralzollkassier.
159. Hauptkassiere der Staatsschuldentilgungsanstalt.
160. Kreiskassiere.
161. Kontrolleur der Zentralstaatskasse.
162. Rechnungskommissäre des Obersten Rechnungshofs.
163. Münzwardein.
164. Weingutsinspektor.
165. Direktionsräte der Staatseisenbahnverwaltung.
166. Obergeometer der Staatseisenbahnverwaltung.
167. Posträte.
168. Postamtsdirektoren.
169. Telegraphenamtsdirektoren.
170. Telephonamtsdirektoren.
171. Geologen der Geognostischen Untersuchung.
172. Inspektoren der Untersuchungsanstalten für Nahrungs- und Genußmittel.
173. Assessoren des Stenographischen Instituts.
174. Präfekten der Lehrerbildungsanstalten.
175. Außerordentliche Professoren der Universitäten.
176. Außerordentliche Professoren der Technischen Hochschule.
177. Außerordentliche Professoren der Tierärztlichen Hochschule.
178. Außerordentliche Professoren der Lyzeen.
179. Hauptkassekontrolleure der Universitäten.
180. Außerordentliche Professoren der Forstlichen Hochschule.
181. Zentralzollkassekontrolleur.
182. Hauptzollamtskontrolleure.
183. Kreiskassekontrolleure.
184. Hauptkassekontrolleur der General-Bergwerks- und Salinen-Administration.
185. Hauptkassekontrolleure der Staatsschuldentilgungsanstalt.
186. Oberbuchhalter der Staatsschuldentilgungsanstalt.
187. Legationssekretäre II. Klasse.
188. Assessoren des Geheimen Haus- und Staatsarchivs.

189. Oberbergamtsmarkscheider.
190. Bergamtsassessoren.
191. Assessoren der Geognostischen Untersuchung.
192. Gewerbeassessoren.
193. Gewerbeinspektoren.
194. Assessoren der Strafanstalten.
195. Hausgeistliche der Strafanstalten.
196. Hausgeistliche der Gerichtsgefängnisse.
197. Hausärzte der Strafanstalten.
198. Hausärzte der Gerichtsgefängnisse.
199. Bezirksamtsassessoren.
200. Bauamtsassessoren.
201. Reichsarchivassessoren.
202. Kreisarchivassessoren.
203. Assessoren der Arbeitshäuser.
204. Assessoren der Agrikulturbotanischen Anstalt.
205. Assessoren der Moorkulturanstalt.
206. Sekretäre des Verwaltungsgerichtshofs.
207. Bezirksärzte.
208. Zentralimpfarzt.
209. Bezirkstierärzte.
210. Gestütstierärzte.
211. Bezirkskulturingenieure.
212. Geometer der Flurbereinigungskommission.
213. Vorstände der Staatserziehungsanstalten.
214. Hausgeistliche der Arbeitshäuser.
215. Hausgeistliche der Staatserziehungsanstalten.
216. Polizeioffiziere.
217. Gendarmerieoffiziere.
218. Universitätsbauassessoren.
219. Oberärzte der Universitätskliniken.
220. Mit Beamteneigenschaft ausgestattete Assistenten und Lektoren der Hochschulen.
221. Gymnasiallehrer der humanistischen und der Realgymnasien sowie sonstige Lehrer an diesen Anstalten mit akademischer Vorbildung.
222. Lehrer der Akademie der Tonkunst.
223. Lehrer der Akademie für Landwirtschaft und Brauerei.

224. Lehrer der Musikschule in Würzburg.
225. Seminarlehrer, Präparandenhauptlehrer, Seminarschullehrer und Präparandenlehrer mit akademischer Vorbildung.
226. Lehrer der Kunstgewerbeschulen.
227. Reallehrer des Technikums in Nürnberg.
228. Reallehrer der Baugewerkschule mit Gewerbelehrerinstitut in München.
229. Lehrer der Zentralturnlehrerbildungsanstalt.
230. Landwirtschaftslehrer.
231. Kustoden der Kommission für internationale Erdmessung.
232. Kustoden der Meteorologischen Zentralstation.
233. Kustoden der Generalkonservatorien.
234. Kustoden des Nationalmuseums.
235. Kustoden der Gemäldegalerien.
236. Kustoden der Graphischen Sammlung.
237. Kustoden der Hof- und Staatsbibliothek.
238. Kustoden der Universitätsbibliotheken.
239. Kustoden der Bibliothek der Technischen Hochschule.
240. Kustoden der Bibliothek in Bamberg.
241. Finanzassessoren der Regierungen, Kammern der Finanzen, und der Rechnungskammer.
242. Rechnungskommissäre der Regierungen, Kammern der Finanzen, und der Rechnungskammer.
243. Rentamtsassessoren.
244. Finanzassessoren der Verwaltung der Zölle und indirekten Steuern.
245. Rechnungskommissäre der Verwaltung der Zölle und indirekten Steuern.
246. Zolloberkontrolleure.
247. Steueroberkontrolleure.
248. Grenzoberkontrolleure.
249. Forstamtsassessoren.
250. Kreisgeometer.
251. Geometer der Messungsämter.
252. Geometer des Katasterbureaus.
253. Assessoren der Berg-, Hütten- und Salinenämter.

254. Technischer Assessor des Hauptmünzamts.
255. Eisenbahnassessoren.
256. Eisenbahngeometer.
257. Chemiker der Staatseisenbahnverwaltung.
258. Postassessoren.
259. Obersekretäre und Sekretäre des Obersten Landesgerichts, der Oberlandesgerichte, Landgerichte, Amtsgerichte, und Staatsanwaltschaften sowie Amtsanwälte, welche die zweite Prüfung für den höheren Justiz- und Verwaltungsdienst bestanden haben.

Anlage II.

Verzeichnis

der Beamten im Bereiche der K. Versicherungskammer und des K. Wasserversorgungsbureaus, die nach einer etatsmäßigen Dienstzeit von drei Jahren unwiderruflich sind.

A. K. Versicherungskammer.

1. Präsident.
2. Oberregierungsräte.
3. Regierungsräte.
4. Regierungsassessoren.
5. Oberinspektoren.
6. Bezirksamtsassessoren.

B. K. Wasserversorgungsbureau.

1. Direktor.
2. Räte.
3. Bauamtmänner.
4. Geologen.
5. Assessoren.

Anlage III.

Verzeichnis

der Beamten der Oberrealschulen, Progymnasien, Realschulen, Lateinschulen, der Kreisbaugewerkschule Kaiserslautern, der landwirtschaftlichen Mittelschulen und Kreisackerbauschulen, die nach einer etatsmäßigen Dienstzeit von drei Jahren unwiderruflich sind.

1. Rektoren der Oberrealschulen.
2. Konrektoren der Oberrealschulen.
3. Rektoren der Realschulen und der Progymnasien.
4. Rektor der Kreisbaugewerkschule Kaiserslautern.
5. Rektoren der landwirtschaftlichen Mittelschulen.
6. Professoren der Oberrealschulen, Progymnasien, Realschulen und landwirtschaftlichen Mittelschulen.
7. Subrektoren der Lateinschulen.
8. Vorstände der Kreisackerbauschulen.
9. Reallehrer der Oberrealschulen, Gymnasiallehrer der Progymnasien und sonstige Lehrer an diesen Anstalten mit akademischer Vorbildung, Reallehrer der Realschulen, Studienlehrer der Lateinschulen, Lehrer der Kreisbaugewerkschule Kaiserslautern, Reallehrer der landwirtschaftlichen Mittelschulen, Lehrer der Kreisackerbauschulen mit akademischer Vorbildung.

Anlage IV.

Verzeichnis

der Beamten der Militärverwaltung, die nach einer etatsmäßigen Dienstzeit von drei Jahren unwiderruflich sind.

Militärbeamte:

2. Militär-Intendanten.
3. Militäranwalt beim Reichsmilitärgerichte.
4. Oberintendanturräte.
5. Intendanturräte.
6. Oberingenieur bei der Inspektion der Technischen Institute.
8. Intendantur-Assessoren.
9. Korpsstabsveterinäre.
10. Oberstabsveterinäre.
11. Stabsveterinäre.
12. Korpsstabsapotheker.
13. Stabsapotheker.
14. Ingenieure und Chemiker bei den technischen Instituten.

Zivilbeamte der Militärverwaltung:

1. Vortragende Räte des Kriegsministeriums.
7. Intendantur- und Bauräte.
15. Militärbauinspektoren.

Königlich Allerhöchste Verordnung, die Gehaltsverhältnisse der etatsmäßigen Staatsbeamten betreffend

Im Namen Seiner Majestät des Königs.

Luitpold,

von Gottes Gnaden Königlicher Prinz von Bayern,

Regent.

Wir finden Uns bewogen, hinsichtlich der Gehaltsverhältnisse der etatsmäßigen Staatsbeamten zu verordnen, was folgt:

I. Allgemeine Bestimmungen.

§ 1.

Die Gehalte der etatsmäßigen Staatsbeamten bemessen sich, unbeschadet Unseres Rechtes nach Maßgabe der Bestimmungen des Beamtengesetzes in einzelnen Fällen eine abweichende Verfügung zu treffen, nach der in der Anlage beigefügten Gehaltsordnung.

§ 2.

Die Einreihung in die einzelnen Klassen der Gehaltsordnung ist lediglich für die Höhe des Gehalts nicht aber für den Dienstrang der Beamten maßgebend.

§ 3.

Den Beamten der Verkehrsverwaltung, die sich auf Grund der Gehaltsordnung im Genuß eines pensionsfähigen Nebenbezugs befinden, bleibt im Falle ihrer Überführung in eine Stellung, mit der nach der Gehaltsordnung ein solcher Nebenbezug nicht verbunden ist, das im Zeitpunkte der Überführung sich berechnende pensionsfähige Diensteinkommen für den Fall ihrer Versetzung in den Ruhestand so lange gewahrt, als das pensionsfähige Diensteinkommen in der neuen Stellung geringer wäre.

II. Überleitungsbestimmungen.

§ 4.

Die Einweisung der Staatsminister in die ihnen nach der Gehaltsordnung zukommenden Gehaltsbezüge behalten Wir Uns vor.

Wegen der Überleitung der übrigen am 1. Januar 1909 im Dienste befindlichen Beamten in die Klassen der Gehaltsordnung haben die zuständigen Staatsministerien im Benehmen mit dem Staatsministerium der Finanzen das Weitere zu verfügen:

Für die Überleitung der Beamten, für die in der Gehaltsordnung steigende Gehalte vorgesehen sind, haben neben den Vorschriften des Artikel 211 Abs. 2 bis 7 und des Artikel 217 des Beamtengesetzes die nachstehenden Grundsätze Maß zu geben:

1. Die Beamten, hinsichtlich deren die Einteilung in der Gehaltsordnung im wesentlichen mit der Einteilung der bisherigen Gehaltsregulative übereinstimmt, sind unter Anrechnung der vollen Dienstzeit, die sie in der von ihnen am 1. Januar 1909 bekleideten Dienstesstellung zurückgelegt haben, in die Klassen der Gehaltsordnung überzuleiten.

2. Die Beamten, die durch die Gehaltsordnung den bisherigen Gehaltsregulativen gegenüber in eine höhere Klasse gehoben werden, haben zunächst den Anfangsgehalt der neuen Klasse zu erhalten. Bleibt jedoch dieser Gehalt hinter dem Gehalte zurück, der sich nach Maßgabe der Gehaltsordnung berechnen würde, wenn der Beamte in der Klasse verblieben wäre, die nach der Gehaltsordnung seiner bisherigen Klasse entspricht, so hat er diesen Gehalt zu erhalten.

3. Soweit durch die Gehaltsordnung mehrere Klassen der bisherigen Gehaltsregulative in eine Klasse vereinigt werden, sind die Beamten

a) unter Anrechnung der vollen Dienstzeit, die sie in den vereinigten Klassen zurückgelegt haben, in die Klassen der Gehaltsordnung überzuleiten, wenn der künftige Anfangsgehalt der Anfangsbesoldung der bisherigen untersten

Klasse sich nähert oder von der Anfangsbesoldung der bisherigen unteren und der bisherigen oberen Klasse gleich weit entfernt ist,

b) unter Anrechnung nur der in der höheren Dienstesstellung zurückgelegten Dienstzeit in die Klassen der Gehaltsordnung überzuleiten, wenn der künftige Anfangsgehalt der Anfangsbesoldung der bisherigen höheren Klasse sich nähert. Bleibt jedoch der in dem letzteren Falle sich berechnende Gehalt hinter dem Gehalte zurück, der sich nach Maßgabe der Gehaltsordnung berechnen würde, wenn der Beamte in der Klasse verblieben wäre, die nach der Gehaltsordnung seiner bisherigen Klasse entspricht, so hat er diesen Gehalt zu erhalten.

4. Die Steuerassessoren und die Obergeometer der Flurbereinigungskommission, die Steuerassessoren der Kreisregierungen, die Steuerassessoren und die Obergeometer des Katasterbureaus sind unter Anrechnung der halben Dienstzeit, die sie in dieser Dienstesstellung oder in einer ihr gleich zu achtenden Dienstesstellung zurückgelegt haben, in die Klasse 9 der Gehaltsordnung überzuleiten. Bruchteile unter einem Monat, die sich bei der Feststellung der halben Dienstzeit ergeben, sind als voller Monat zu rechnen.

5. Im übrigen haben bei der Überleitung der Beamten in die Klassen der Gehaltsordnung die Vorschriften des Artikel 26 Abs. 3 bis 5, des Artikel 27 Abs. 2 bis 4, des Artikel 28 Abs. 1 bis 4 und Abs. 6, der Artikel 29 bis 32, des Artikel 34 Abs. 2, des Artikel 36, des Artikel 183 Abs. 2 Ziff. 1 Satz 2 und Ziff. 2 bis 4 sowie des Artikel 184 des Beamtengesetzes entsprechende Anwendung zu finden. Für die Festsetzung des Gehalts nach dem Artikel 30 des Beamtengesetzes ist nur die unmittelbar vor der letzten Beförderung innegehabte Dienstesstellung in Betracht zu ziehen und auch für diese der Gehalt nach Maßgabe der Gehaltsordnung zu berechnen.

6. Soweit die Anwendung vorstehender Grundsätze für einzelne Beamte zu Unzuträglichkeiten führen

sollte, sind die Staatsministerien ermächtigt, den Gehalt dieser Beamten im Benehmen mit dem Staatsministerium der Finanzen besonders festzusetzen.

7. Die Beamten der Klassen 5 bis 13 sind von der Erreichung des Gehalts der beiden letzten Dienstaltersstufen, die Beamten der Klassen 14 bis 30 von der Erreichung des Gehalts der letzten Dienstaltersstufe ihrer Klasse im Zeitpunkte der Überleitung zunächst ausgeschlossen. Die Beamten der Klassen 5 bis 13 können die Vorrückung in den Gehalt der vorletzten und der letzten Dienstaltersstufe ihrer Klasse erst nach Zurücklegung einer weiteren Dienstzeit von drei und beziehungsweise sechs Jahren, die Beamten der Klassen 14 bis 30 die Vorrückung in den Gehalt der letzten Dienstaltersstufe ihrer Klasse erst nach Zurücklegung einer weiteren Dienstzeit von drei Jahren nach dem Inkrafttreten der Gehaltsordnung erreichen.

§ 5.

Den etatsmäßigen Beamten, deren Gesamteinkommen den Jahresbetrag von dreitausend Mark nicht übersteigt, wird, soweit sie durch die Gehaltsordnung nicht um acht vom Hundert des bisherigen regulativmäßigen Anfangsgehalts der von ihnen am 1. Januar 1909 bekleideten Dienstesstellung aufgebessert werden, bis zur Höhe dieses Satzes und bis zum Betrage von dreitausend Mark auf die Dauer der Bekleidung dieser Stellung eine besondere nichtpensionsfähige Zulage gewährt. Die Zulage wird diesen Beamten mit vorstehender Einschränkung auch im Falle ihrer Überführung in eine andere Dienstesstellung gewährt, soweit sie in dieser eine geringere Besoldung beziehen würden, als sie erhalten hätten, wenn sie in der vorher bekleideten Dienstesstellung verblieben wären.

Der Jahresbetrag dieser Zulagen ist nach oben so abzurunden, daß bei Teilung durch drei sich volle Markbeträge ergeben.

In Bezug auf den Beginn, die Zahlung und die Einziehung dieser Zulagen haben die Vorschriften des Artikel 34 Abs. 2 bis 4 des Beamtengesetzes entsprechende Anwendung zu finden.

III. Schlußbestimmungen.

§ 6.

Diese Verordnung tritt am 1. Januar 1909 in Kraft.

Gleichzeitig treten alle entgegenstehenden Vorschriften, insbesondere die Verordnung vom 11. Juni 1892, die Gehaltsbezüge der pragmatischen Staatsdiener betreffend, die Verordnung vom 26. Juni 1894, die Dienstverhältnisse der nichtpragmatischen Staatsbeamten und Staatsbediensteten betreffend, § 7 Abs. 1 der Verordnung vom 10. Mai 1903, die Neuorganisation der Rentämter betreffend, und die Verordnung vom 11. August 1904, die Besoldungen der Staatsbeamten und Staatsbediensteten betreffend, außer Kraft.

§ 7.

Die Staatsministerien haben die zum Vollzuge dieser Verordnung erforderlichen Vorschriften zu erlassen.

Vorderriß, den 6. September 1908.

Berichtigungen.

Zu streichen ist:

Seite	135	Klasse	4,	Note	3
„	138	„	7,	„	5
„	142	„	10,	„	1
„	143	„	12,	„	1—3 und 5
„	145	„	13,	„	1
„	146	„	14,	„	1
„	147	„	14,	„	1 (von „sowie" an)
„	150	„	17,	„	1—7
„	151	„	18,	„	1
„	152	„	19,		„Beamten" bis „würde"
„	152	„	21,	„	1
„	156	„	23,	„	1 und 2
„	158	„	25,	„	1 bis 3
„	161	„	28 und 30 von „während" bis „sollen".		

Einzufügen ist: S. 144 Klasse 12 zu Zeile 3 von unten: „Ausführende Geometer".

S. 154 in Note 1 lies: „250 M." statt 240 M.

Gehaltsordnung

für die

Bayerischen Staatsbeamten.

Gehaltsklassen.

(Unter Berücksichtigung der Anfangs- und Endgehalte geordnet.)

Klasse der Gehaltsordnung	Feste Gehalte	Steigende Gehalte:									
		1.—3.	vom 4.	vom 7.	vom 10.	vom 13.	vom 16.	vom 19.	vom 22.	vom 25.	vom 28.
		Dienstjahre									
	ℳ	ℳ	ℳ	ℳ	ℳ	ℳ	ℳ	ℳ	ℳ	ℳ	ℳ
1	24 000	—	—	—	—	—	—	—	—	—	—
2	15 000	—	—	—	—	—	—	—	—	—	—
3	14 000	—	—	—	—	—	—	—	—	—	—
4	12 000	—	—	—	—	—	—	—	—	—	—
5	—	8 400	9 000	9 600	10 200	10 800	11 400				
6	—	7 200	7 700	8 200	8 700	9 200	9 600				
7	—	6 000	6 500	7 000	7 500	8 000	8 400				
8	—	5 400	5 900	6 400	6 900	7 400	7 800				
9	—	4 800	5 300	5 800	6 300	6 800	7 200				
10	—	3 000	3 500	4 000	4 500	5 000	5 500	6 000	6 500	7 000	7 200
11	—	3 600	4 100	4 600	5 100	5 600	6 000				
12	—	3 000	3 500	4 000	4 500	5 000	5 500	6 000			
13	—	4 200	4 600	5 000	5 400	5 800	6 000				
14	—	3 000	3 300	3 600	3 900	4 200	4 500	4 800			
15	—	2 400	2 700	3 000	3 300	3 600	3 900	4 200	4 500	4 800	
16	—	2 400	2 700	3 000	3 300	3 600	3 900	4 200			
17	—	1 800	2 100	2 400	2 700	3 000	3 300	3 600			
18	—	2 250	2 400	2 550	2 700	2 850	3 000	3 150			
19	—	2 100	2 250	2 400	2 550	2 700	2 850	3 000			
20	—	1 950	2 100	2 250	2 400	2 550	2 700	2 850			
21	—	1 800	1 950	2 100	2 250	2 400	2 550	2 700			
22	—	1 800	1 900	2 000	2 100	2 200	2 300	2 400			
23	—	1 500	1 650	1 800	1 950	2 100	2 250	2 400			
24	—	1 700	1 800	1 900	2 000	2 100	2 200	2 300			
25	—	1 500	1 600	1 700	1 800	1 900	2 000	2 100			
26	—	1 200	1 350	1 500	1 650	1 800	1 950	2 100			
27	—	1 400	1 500	1 600	1 700	1 800	1 900	2 000			
28	—	1 300	1 400	1 500	1 600	1 700	1 800	1 900			
29	—	1 200	1 300	1 400	1 500	1 600	1 700	1 800			
30	—	1 200	1 250	1 300	1 400	1 500	1 600	1 700			

Gehaltsordnung.

(Klasse 1—30.)

Klasse der Gehaltsordnung	Beamtenklasse	Fester Gehalt	Bemerkungen
		ℳ	
1	Staatsminister.	[1]) 24 000	1) Die Staatsminister erhalten außerdem freie Dienstwohnung und in Ermanglung einer solchen eine nichtpensionsfähige Wohnungsentschädigung im Jahresbetrage von 5000 ℳ, ferner einen nichtpensionsfähigen Repräsentationsbezug, der für den Staatsminister des K. Hauses und des Äußern jährlich 16 000 ℳ, für jeden der übrigen Staatsminister jährlich 5000 ℳ beträgt.
2	Präsident des Obersten Landesgerichts . . . . Präsident des Verwaltungsgerichtshofs	15 000	
3	Gesandte mit dem Gehalte der Regierungspräsidenten . . . . Präsidenten d. Oberlandesgerichte Präsidenten d. Kreisregierungen [2]) Präsident des Oberkonsistoriums Präsident des Obersten Rechnungshofs . . . . Präsident der Generaldirektion der Zölle und indirekten Steuern .	14 000	2) Die Präsidenten der Kreisregierungen erhalten außerdem freie Dienstwohnung und einen nichtpensionsfähigen Repräsentationsbezug im Jahresbetrage von 3600 ℳ.
4	Ministerialdirektoren [3]) und [4]) . . Senatspräsidenten . } des Obersten Generalstaatsanwalt } Landesger. Senatspräsidenten . } des Verwaltungsgerichtshofs Generalstaatsanwalt } Präsidenten der Eisenbahndirektionen	12 000	3) einschließlich des Oberbaudirektors und des Vorstandes der Ministerialforstabteilung. 4) Der mit der Vertretung eines Staatsministers als Staatsrat betraute Ministerialdirektor erhält neben seinem Gehalt eine nichtpensionsfähige Zulage im Jahresbetrage von 2400 ℳ, der mit dieser Vertretung als Staatsrat betraute Ministerialrat eine solche im Jahresbetrage von 1200 ℳ.

Klasse der Gehaltsordnung	Beamtenklasse	Steigende Gehalte: 1. bis 3. Dienstjahre	vom 4.	vom 7.	vom 10.	vom 13.	vom 16.
		ℳ	ℳ	ℳ	ℳ	ℳ	ℳ
5	Ministerialräte[1]) und[2]) . . . . Geheime Legationsräte I. Klasse . . . . . Oberbergdirektor . . . . Senatspräsidenten } der Oberlandesgerichte Oberstaatsanwälte } der Oberlandesgerichte Präsidenten der Landgerichte . . . . Präsident des Amtsgerichts München I . . . Präsident des Landesversicherungsamts . . Polizeipräsident . . . . Oberlandstallmeister . . . . Direktor des Statistischen Landesamts . . Direktor der Flurbereinigungskommission. . Direktor des Hydrotechnischen Bureaus . . . Direktor des Reichsarchivs. . . . . Direktoren der Regierungen, Kammern des Innern . . . . Chef des Gendarmeriekorps . . . . Direktor der Hof- und Staatsbibliothek. . . Direktor der Akademie der bildenden Künste. . . . . Direktor der Gemäldegalerien . . . . . . Konsistorialdirektor in Speyer . . . . . . Generaldirektor der Bergwerks-, Hütten- und Salinenverwaltung . . . . Direktor der Staatsschuldentilgungsanstalt . . . . Direktor der Rechnungskammer. . . . . . Direktor des Katasterbureaus. . . . . . . Direktoren der Regierungen, Kammern der Finanzen. . . . . Direktoren der Regierungen, Kammern der Finanzen, Forstabteilungen[3]). . . Regierungsdirektoren der Generaldirektion der Zölle und indirekten Steuern[4]) . . Oberpostdirektoren	8400	9000	9600	10200	10800	11400

1) Einschließl. der technischen Ministerialräte.
2) Siehe Bemerkung Ziff. 4 zu Klasse 4.
3) Vorstände der Regierungsforstabteilungen.
4) Abteilungsvorstände.

Klasse der Gehaltsordnung	Beamtenklasse	Steigende Gehalte: 1. bis 3. Dienstjahre	vom 4.	vom 7.	vom 10.	vom 13.	vom 16.
		ℳ	ℳ	ℳ	ℳ	ℳ	ℳ
6	Oberregierungsräte [1] Geheime Legationsräte II. Klasse Zentralinspektor für Fabriken und Gewerbe Räte } des Obersten Landesgerichts Staatsanwälte } des Obersten Landesgerichts Vorstände der Amtsgerichte mit Bezirken von mehr als 100 000 Einwohnern [2] Landesinspektor für Tierzucht Räte } des Verwaltungsgerichtshofs Staatsanwälte } des Verwaltungsgerichtshofs Direktor der Polizeidirektion [3] Rektoren der humanistischen Gymnasien Rektoren der Realgymnasien Direktor der Akademie der Tonkunst Direktor des Nationalmuseums Direktor des Generalkonservatoriums der Kunstdenkmale und Altertümer Direktor der Akademie für Landwirtschaft und Brauerei Direktor des Technikums in Nürnberg Oberkonsistorialräte Direktor des Hauptmünzamts Räte des Obersten Rechnungshofs Oberregierungsräte der Verkehrsverwaltung [4] Zentralwohnungsinspektor	7200	7700	8200	8700	9200	9600

Dieser Klasse sind auch die Oberregierungsräte der Regierungen, Kammern des Innern, und der Generaldirektion der Zölle und indirekten Steuern sowie der Oberbibliothekar der Hof- und Staatsbibliothek, die zurzeit die Besoldung nach Klasse III des Gehaltsregulativs vom 11. Juni 1892 beziehen, ferner die derzeitigen Lyzealrektoren für ihre Person zuzuteilen; ebenso die Generaldirektionsräte und Oberposträte älterer Ordnung mit dem Abmaße, daß diese zunächst in den Gehalt der dritten Dienstaltersstufe eingewiesen werden und ihnen nach einer weiteren dreijährigen Dienstzeit der Gehalt der vierten Dienstaltersstufe als Höchstgehalt gewährt wird.

1) Einschließlich der technischen Oberregierungsräte
2) Nach der jeweiligen letzten Volkszählung.
3) Abteilungsvorstand.
4) Einschließlich der Abteilungsvorstände der Eisenbahndirektionen und der Oberpostdirektionen; ferner der Vorstände der zentralen Ämter der Verkehrsverwaltung, soweit sie nicht nachstehend besonders vorgetragen sind.

Klasse der Gehaltsordnung	Beamtenklasse	Steigende Gehalte: 1. bis 3. Dienstjahre	vom 4.	vom 7.	vom 10.	vom 13.	vom 16.
		ℳ	ℳ	ℳ	ℳ	ℳ	ℳ
7	Regierungsräte [1]) Legationsräte Räte des Geheimen Haus- und Staatsarchivs Oberbergräte Regierungs- und Gewerberäte Räte, Staatsanwälte der Oberlandesgerichte Direktoren, Stellvertretende Direktoren [2]), I. Staatsanwälte der Landgerichte Vorstände der Amtsgerichte mit Bezirken von mehr als 40 000 bis 100 000 Einwohn. [3]) Abteilungsvorstände der in den Klassen 5 und 6 bezeichneten Amtsgerichte Direktoren der Strafanstalten [4]) Räte des Hydrotechnischen Bureaus Räte des Reichsarchivs [5]) Steuerräte der Flurbereinigungskommission Landtagsarchivar Kanzleidirektor der Kammer der Reichsräte Bureauvorstand der Kammer der Abgeordneten Vorstand des Stenographischen Instituts Direktor des Arbeitshauses Rebdorf Direktor der Agrikulturbotanischen Anstalt Direktor der Moorkulturanstalt II. Direktoren der Untersuchungsanstalten für Nahrungs- und Genußmittel Landgestütstierarzt Landstallmeister Gestütsdirektoren Chef der Schutzmannschaft Chefs der Gendarmeriekompagnien	6000	6500	7000	7500	8000	8400

1) Einschließlich der Kreismedizinalräte, Kreisbauräte, Kreistierärzte und Kreiskulturingenieure.
2) Bei jeder Zivilkammer und jeder Strafkammer je einer.
3) Nach der jeweiligen letzten Volkszählung.
4) Vorstände der größeren Strafanstalten.
5) Referenten des Reichsarchivs.

Klasse der Gehaltsordnung	Beamtenklasse	Steigende Gehalte: 1. bis 3.	vom 4.	vom 7.	vom 10.	vom 13.	vom 16.
		Dienstjahre					
		ℳ	ℳ	ℳ	ℳ	ℳ	ℳ
Noch 7	Ordentliche Professoren der Universitäten						
	Ordentliche Professoren der Technischen Hochschule						
	Ordentliche Professoren der Tierärztlichen Hochschule						
	Ordentliche Professoren der Lyzeen[1]						
	Professoren der Akademie der bildenden Künste						
	Konrektoren der humanistischen Gymnasien						
	Konrektoren der Realgymnasien						
	Direktor der Zentralturnlehrerbildungsanstalt						
	Direktoren der Kunstgewerbeschulen						
	Direktoren der vollen Lehrerbildungsanstalten und der Schullehrerseminare						
	Direktor der Baugewerkschule mit Gewerbelehrerinstitut in München						
	Direktor der Meteorologischen Zentralstation						
	Direktor der Graphischen Sammlung						
	Direktor der Ethnographischen Sammlung						
	Direktor des Münzkabinetts						
	Oberbibliothekare der Hof- und Staatsbibliothek[2]	6000	6500	7000	7500	8000	8400
	Oberbibliothekare der Universitäten						
	Konsistorialräte						
	Oberberg- und Salinenräte						
	Forsträte						
	Ordentliche Professoren der Forstlichen Hochschule						
	Steuerräte der Regierungen						
	Steuerräte des Katasterbureaus						
	Vorstand der Zentralstaatskasse						
	Vorstände der Rentämter mit Kasseabteilung						
	Vorstände der Hauptzollämter						
	Vorstand der technischen Lehr- und Prüfungsanstalt der Generaldirektion der Zölle und indirekten Steuern						
	Direktor des Hofbräuamts						
	Regierungsräte / Oberposträte } der Verkehrsverwaltung[3]						

Dieser Klasse sind für ihre Person auch die Oberlandesgerichtsräte bei den Landgerichten und die Oberlandesgerichtsräte der Amtsgerichte, soweit sie nicht nach der neuen Gehaltsordnung ohnehin in diese Klasse fallen, ferner der derzeitige Zentralzollkassier zuzuteilen.

1) Die mit der Funktion von Rektoren betrauten ordentlichen Professoren der Lyzeen erhalten neben ihrem Gehalt eine nichtpensionsfähige Zulage im Jahresbetrage von 1200 ℳ.

2) Abteilungsvorstände.

3) Einschließlich der Vorstände des Wagenamts und der beiden Verkehrskontrollen der Staatseisenbahnverwaltung sowie der Postanweisungskontrolle, ferner der Vorstände der im Etat bezeichneten wichtigsten Inspektionen, Postämter I. Kl., Telegraphen- und Telephonämter.

Klasse der Gehaltsordnung	Beamtenklasse	Steigende Gehalte: 1. bis 3.	vom 4.	vom 7.	vom 10.	vom 13.	vom 16.
		Dienstjahre					
		ℳ	ℳ	ℳ	ℳ	ℳ	ℳ
8	Bezirksamtmänner						
	Syndici der Hochschulen und der Akademien						
	Direktor der Musikschule Würzburg						
	Professoren der Akademie der Tonkunst	5400	5900	6400	6900	7400	7800
	Professoren der Akademie für Landwirtschaft und Brauerei						
	Oberbibliothekar in Bamberg						
9	Regierungsassessoren[1]						
	Legationssekretäre I. Klasse						
	Berginspektoren						
	Oberbergamtsassessoren						
	Gewerberäte						
	Landgerichtsräte						
	II. Staatsanwälte der Landgerichte						
	Oberamtsrichter[2]						
	Inspektoren der Strafanstalten[3]						
	Inspektoren der Gerichtsgefängnisse						
	Landwirtschaftliche Fachberater						
	Bauamtmänner						
	Vorstände der Sektionen für Wildbachverbauung						
	Kreisarchivare						
	Landgerichtsärzte						
	Steuerassessoren, Obergeometer[4] der Flurbereinigungskommission						
	Polizeihauptmann						
	Gendarmerie-Hauptmänner	4800	5300	5800	6300	6800	7200
	Professoren der humanistischen Gymnasien						
	Professoren der Realgymnasien						
	Professoren der Kunstgewerbeschulen						
	Professoren des Technikums in Nürnberg						
	Professoren der Baugewerkschule mit Gewerbelehrerinstitut in München						
	Universitätsbauamtmänner						
	Universitätsrentamtmänner						
	Universitätsforstmeister						
	Universitätsmusikdirektor in Erlangen						
	Vorstand der Hebammenschule in Bamberg						
	Professoren der Hebammenschulen						
	Konservatoren der Kommission für internationale Erdmessung						
	Konservatoren der Meteorologischen Zentralstation						
	Konservatoren der Generalkonservatorien						
	Konservatoren des Nationalmuseums						

1) Einschließlich der Kreisbauassessoren.
2) Einschließlich der Abteilungsvorstände der Amtsgerichte mit Bezirken von 50 000 bis 100 000 Einwohnern.
3) Vorstände der kleineren Strafanstalten.
4) Vorsitzende der Flurbereinigungsausschüsse.

Klasse der Gehaltsordnung	Beamtenklasse	Steigende Gehalte: 1. bis 3. Dienstjahre	vom 4.	vom 7.	vom 10.	vom 13.	vom 16.
		M	M	M	M	M	M
Noch 9	Konservatoren der Gemäldegalerien Konservatoren der Graphischen Sammlung Bibliothekare der Hof- und Staatsbibliothek Bibliothekare der Universitätsbibliotheken Bibliothekare der Bibliothek der Technischen Hochschule Bibliothekare der Bibliothek in Bamberg Rentamtmänner [1]) Forstmeister Bergmeister Hüttenverwalter Salineninspektoren Oberingenieur der Hochofenanlage in Amberg Hauptkassier der General-Bergwerks- und Salinen-Administration Steuerassessoren der Regierungen Steuerassessoren des Katasterbureaus Vorstände der Messungsämter (Obergeometer) Obergeometer des Katasterbureaus [2]) Hauptzollamtsverwalter Zollinspektoren Steuerinspektoren Zentralzollkassier Hauptkassiere der Staatsschuldentilgungsanstalt Kreiskassiere Kontrolleur der Zentralstaatskasse Rechnungskommissäre des Obersten Rechnungshofs Münzwardein Weingutsinspektor Direktionsräte [3]) } der Staatseisenbahnverwaltung Obergeometer [4]) } Posträte [5]) Postamtsdirektoren Telegraphenamtsdirektoren Telephonamtsdirektoren	4800	5300	5800	6300	6800	7200

Dieser Klasse sind auch die nicht dienstaufsichtführenden Oberamtsrichter, der derzeitige Zentralzollkassekontrolleur sowie diejenigen Rechnungskommissäre der Regierungen, Kammern der Finanzen, die zurzeit den Gehalt eines Rechnungskommissärs des Obersten Rechnungshofs beziehen, für ihre Person, dann die Oberinspektoren, Oberbauinspektoren und Obermaschineninspektoren sowie die Oberpostinspektoren der Verkehrsverwaltung zuzuteilen.

1) Einschließlich der Kasseabteilungsvorstände der Rentämter.
2) Vorstände der Messungssektionen.
3) Einschließlich der Inspektionsvorstände der Staatseisenbahnverwaltung, soweit sie nicht in die Klasse 7 fallen.
4) Vorstände der Messungsbureaus bei den Eisenbahndirektionen.
5) Einschließlich des Vorstandes des Verlagsamts.

Klasse der Gehaltsordnung	Beamtenklasse	Steigende Gehalte:									
		1. bis 3.	vom 4.	vom 7.	vom 10.	vom 13.	vom 16.	vom 19.	vom 22.	vom 25.	vom 28.
		Dienstjahre									
		ℳ	ℳ	ℳ	ℳ	ℳ	ℳ	ℳ	ℳ	ℳ	ℳ
10	Geologen der Geognostischen Untersuchung [1]) Inspektoren der Untersuchungsanstalten für Nahrungs- u. Genußmittel . . . . . . Assessoren des Stenographischen Instituts . Präfekten der Lehrerbildungsanstalten. .	3000	3500	4000	4500	5000	5500	6000	6500	7000	7200

Dieser Klasse sind auch die Seminar- und Präparandenoberlehrer sowie der derzeitige Lehrer der Zentralturnlehrerbildungsanstalt für ihre Person zuzuteilen.

1) Einschließlich der bisherigen Landesgeologen.

Klasse der Gehaltsordnung	Beamtenklasse	Steigende Gehalte:					
		1. bis 3.	vom 4.	vom 7.	vom 10.	vom 13.	vom 16.
		Dienstjahre					
		ℳ	ℳ	ℳ	ℳ	ℳ	ℳ
11	Außerordentliche Professoren der Universitäten Außerordentliche Professoren der Technischen Hochschule . . . . Außerordentliche Professoren der Tierärztlichen Hochschule [1]) . . . . Außerordentliche Professoren der Lyzeen . . Hauptkassekontrolleure der Universitäten . . Außerordentliche Professoren der Forstlichen Hochschule . . . . Zentralzollkassekontrolleur . . . . Hauptzollamtskontrolleure . . . . Kreiskassekontrolleure . . . . Hauptkassekontrolleur der General-Bergwerks- und Salinen-Administration . . . . . Hauptkassekontrolleure } der Staatsschulden- Oberbuchhalter } tilgungsanstalt	3600	4100	4600	5100	5600	6000

Dieser Klasse sind auch der derzeitige Kassier der Akademie der Wissenschaften, der derzeitige Kassier des Katasterbureaus und der derzeitige Zahlmeister der Zentralstaatskasse sowie die Direktions- und Oberpostassessoren für ihre Person, dann die Inspektoren, Postinspektoren und Postmeister der Verkehrsverwaltung zuzuteilen, die genannten Beamten der Verkehrsverwaltung mit dem Abmaße, daß für sie der Gehalt der dritten Dienstaltersstufe den Anfangsgehalt zu bilden hat und vom dreizehnten Dienstjahr ab eine weitere Dienstaltersstufe mit 6500 ℳ angefügt wird.

1) Einschließlich des Chemikers der Biologischen Versuchsstation für Fischerei.

Klasse der Gehaltsordnung	Beamtenklasse	Steigende Gehalte: 1. bis 3.	vom 4.	vom 7.	vom 10.	vom 13.	vom 16.	vom 19.
		Dienstjahre						
		ℳ	ℳ	ℳ	ℳ	ℳ	ℳ	ℳ
12	Legationssekretäre II. Klasse Assessoren des Geheimen Haus- und Staatsarchivs [1]) Oberbergamtsmarkscheider Bergamtsassessoren Assessoren der Geognostischen Untersuchung Gewerbeassessoren Gewerbeinspektoren Amtsrichter III. Staatsanwälte Assessoren der Strafanstalten Hausgeistliche } der Strafanstalten und Hausärzte } der Gerichtsgefängnisse Bezirksamtsassessoren Bauamtsassessoren Reichsarchivassessoren [2]) Kreisarchivassessoren [3]) Assessoren der Arbeitshäuser Assessoren der Agrikulturbotanischen Anstalt Assessoren der Moorkulturanstalt Sekretäre des Verwaltungsgerichtshofs Bezirksärzte [4]) Zentralimpfarzt [4]) Bezirkstierärzte [4]) und [5]) Gestütstierärzte Bezirkskulturingenieure Geometer der Flurbereinigungskommission (Flurbereinigungsgeometer) [6]) Vorstände der Staatserziehungsanstalten Hausgeistliche der Arbeitshäuser und der Staatserziehungsanstalten Polizeioffiziere Gendarmerieoffiziere Universitätsbauassessoren Oberärzte der Universitätskliniken Die mit Beamteneigenschaft ausgestatteten Assistenten und Lektoren der Hochschulen [7]) Gymnasiallehrer der humanistischen Gymnasien Gymnasiallehrer der Realgymnasien Lehrer der Akademie der Tonkunst	3000	3500	4000	4500	5000	5500	6000

1) Bisherige Sekretäre des Geheimen Haus- und Staatsarchivs.
2) Bei dem Allgemeinen Reichsarchive verwendete Kreisarchivsekretäre.
3) Bisherige Kreisarchivsekretäre.
4) Die Bezirksärzte, der Zentralimpfarzt und die Bezirkstierärzte beziehen neben ihrem Gehalte die ihnen verordnungsgemäß zugewiesenen Gebühren.
5) Einschließlich des Bezirkstierarztes der Polizeidirektion.
6) Ausführende Geometer.
7) Einschließlich des Apothekers im Reisingerianum.

Klasse der Gehaltsordnung	Beamtenklasse	Steigende Gehalte: 1. bis 3. Dienstjahre	vom 4.	vom 7.	vom 10.	vom 13.	vom 16.	vom 19.
		ℳ	ℳ	ℳ	ℳ	ℳ	ℳ	ℳ
Noch 12	Lehrer der Akademie für Landwirtschaft und Brauerei [1]							
	Lehrer der Musikschule in Würzburg . .							
	Seminarlehrer, Seminarschullehrer der Lehrerbildungsanstalten und Schullehrerseminare							
	Hauptlehrer der Präparandenschulen .							
	Lehrer der Kunstgewerbeschulen . . .							
	Reallehrer des Technikums in Nürnberg							
	Reallehrer der Baugewerkschule mit Gewerbelehrerinstitut in München . .							
	Lehrer der Zentralturnlehrerbildungsanstalt							
	Landwirtschaftslehrer							
	Kustoden der Kommission für internationale Erdmessung							
	Kustoden der Meteorologischen Zentralstation							
	Kustoden der Generalkonservatorien . .							
	Kustoden des Nationalmuseums							
	Kustoden der Gemäldegalerien							
	Kustoden der Graphischen Sammlung .							
	Kustoden der Hof- und Staatsbibliothek							
	Kustoden der Universitätsbibliotheken . .	3000	3500	4000	4500	5000	5500	6000
	Kustoden der Bibliothek der Technischen Hochschule							
	Kustoden der Bibliothek in Bamberg . .							
	Finanzassessoren, Rechnungskommissäre der Regierungen, Kammern der Finanzen u. der Rechnungskammer							
	Rentamtsassessoren							
	Finanzassessoren, Rechnungskommissäre der Verwaltung der Zölle und indirekten Steuern							
	Zolloberkontrolleure							
	Steueroberkontrolleure							
	Grenzoberkontrolleure							
	Forstamtsassessoren							
	Kreisgeometer							
	Geometer der Messungsämter (Bezirksgeometer) [2]							
	Geometer des Katasterbureaus (Katastergeometer)							
	Assessoren der Berg-, Hütten- und Salinenämter							

1) Einschließlich des Assessors der Saatzuchtanstalt.
2) Nebenbeamte der Messungsämter.

Klasse der Gehaltsordnung	Beamtenklasse	Steigende Gehalte: 1. bis 3.	vom 4.	vom 7.	vom 10.	vom 13.	vom 16.	vom 19.
		Dienstjahre						
Noch		ℳ	ℳ	ℳ	ℳ	ℳ	ℳ	ℳ
12	Technischer Assessor des Hauptmünzamts Eisenbahnassessoren . . . . Eisenbahngeometer . . . . Chemiker der Staatseisenbahnverwaltung Postassessoren	3000	3500	4000	4500	5000	5500	6000

Dieser Klasse sind auch die Hauslehrer der Strafanstalten, Arbeitshäuser und Staatserziehungsanstalten, die Zeichenlehrer der humanistischen Gymnasien, die Turnlehrer der humanistischen und der Realgymnasien sowie die Realienlehrer der Waldbauschulen, die zurzeit den Gehalt der Klasse XIe des Gehaltsregulativs vom 11. Juni 1892 beziehen, ferner die mit dem Gehalte von Seminarlehrern ausgestatteten Präparandenlehrer und die Offiziale der Verkehrsverwaltung für ihre Person zuzuteilen.

Klasse der Gehaltsordnung	Beamtenklasse	Steigende Gehalte: 1. bis 3.	vom 4.	vom 7.	vom 10.	vom 13.	vom 16.
		Dienstjahre					
		ℳ	ℳ	ℳ	ℳ	ℳ	ℳ
13	Geheime Rechnungskommissäre, Geheime Sekretäre, Geheime Registratoren der Staatsministerien[1]) Geheime Sekretäre der Gesandtschaften . . Obersekretär des Obersten Landesgerichts . . Obersekretäre der Oberlandesgerichte . . . Hauptkassier der Landgestütsverwaltung . . Kassier der Technischen Hochschule . . . . . Rechnungskommissär des Oberkonsistoriums . Kassier des Hauptmünzamts . . . . Inspektor des Hofbräuamts . . . . Kurgarteninspektor . . . . Oberbahnverwalter[2]) . . . . Oberpostverwalter[2])	4200	4600	5000	5400	5800	6000

Dieser Klasse ist auch der derzeitige Geheime Sekretär des Statistischen Landesamts für seine Person zuzuteilen.

1) Einschließlich des Etatsbuchhalters der Obersten Baubehörde und der hiefür in Betracht kommenden Beamten der Ministerialforstabteilung.
2) Einschließlich der technischen Oberbahn- und Oberpostverwalter.

Klasse der Gehaltsordnung	Beamtenklasse	Steigende Gehalte:						
		1. bis 3.	vom 4.	vom 7.	vom 10.	vom 13.	vom 16.	vom 19.
		Dienstjahre						
		ℳ	ℳ	ℳ	ℳ	ℳ	ℳ	ℳ
14	Sekretäre } der Staatsministerien [1]) Registratoren } Kanzleisekretäre der Gesandtschaften . . Obersekretäre der Landgerichte [2]) . . . Obersekretäre der Staatsanwaltschaften. Obersekretäre der Amtsgerichte [3]) . . . Sekretäre des Obersten Landesgerichts . Sekretäre der Oberlandesgerichte . . . Obersekretär des Statistischen Landesamts . . . . Präsidialsekretäre der Kreisregierungen . Rechnungskommissäre der Regierungen, Kammern des Innern [4]) . . . . . Kassier der Polizeidirektion . . . . . . Rechnungskommissäre der Konsistorien . Quästoren der Universitäten . . . . . Verwalter der Universitätskliniken . . . Kassier der Akademie der Wissenschaften Kassier und Sekretär der Tierärztlichen Hochschule . . . . Kassier und Sekretär der Akademie der Tonkunst . . . . Kassier und Sekretär des Nationalmuseums und des Generalkonservatoriums der Kunstdenkmale und Altertümer . . . . Kassier der Akademie für Landwirtschaft und Brauerei . . . . Zeichenlehrer der humanistischen Gymnasien . . . . Turnlehrer der humanistischen Gymnasien Turnlehrer der Realgymnasien . . . . Musiklehrer der humanistischen Gymnasien Musiklehrer der Realgymnasien . . . . Lehrerinnen der Kunstgewerbeschulen . Inspektoren der Botanischen Gärten . . Inspektor der Lithographischen Anstalt des Staatsministeriums der Finanzen Präsidialsekretär } der Generaldirektion der Zölle und indirekten Steuern Materialverwalter } Direktorialsekretär der General-Bergwerks- und Salinen-Administration.	3000	3300	3600	3900	4200	4500	4800

1) Einschließlich der Obersten Baubehörde und der Ministerialforstabteilung.

2) Geschäftsleitende und rechnungsführende Sekretäre der Landgerichte und geschäftsleitende Sekretäre der landgerichtlichen Gerichtsschreibereiabteilungen.

3) Geschäftsleitende Sekretäre der Amtsgerichte mit mindestens drei Richtern und rechnungsführende Sekretäre der Amtsgerichte mit Bezirken von mindestens 50 000 Einwohner.

4) Einschließlich der technischen Rechnungskommissäre der Regierungen, Kammern des Innern, und der Rechnungskommissäre der land- und forstwirtschaftlichen Berufsgenossenschaften.

Klasse der Gehaltsordnung	Beamtenklasse	Steigende Gehalte: 1. bis 3. Dienstjahre	vom 4.	vom 7.	vom 10.	vom 13.	vom 16.	vom 19.
		ℳ	ℳ	ℳ	ℳ	ℳ	ℳ	ℳ
Noch 14	Rechnungskommissäre der General-Berg-werks- und Salinen-Administration. Rechnungskommissäre der Staatsschuldentilgungskommission . . . . Regierungsforstbuchhalter . . . . Steuerrechnungskommissäre der Regierung der Pfalz, Kammer der Finanzen Kassiere und Materialverwalter } der Bergwerks-, Hütten- und Salinenverwaltung Zollverwalter . . . . Steuerverwalter . . . . Kassier des Katasterbureaus . . . . . Inspektor der Lithographischen Anstalt des Katasterbureaus . . . . Medailleur des Hauptmünzamts . . . . Flaschenfüllereiverwalter des Hofbräuamts . . . . Bahnverwalter [1] . . . . Postverwalter [1]	3000	3300	3600	3900	4200	4500	4800

Dieser Klasse sind für ihre Person auch die Obersekretäre der Landgerichte und Amtsgerichte, die mit der Geschäftsleitung nicht betraut sind, ferner die derzeit vorhandenen Buchhalter der Zentralstaatskasse, Zahlmeister der Kreiskassen und Staatsschuldentilgungskassen, der derzeitige Kassekontrolleur des Katasterbureaus, der derzeitige Kassekontrolleur des Hauptmünzamts, der derzeitige Sekretär der Staatsschuldentilgungskommission und der derzeitige I. Registrator der Generaldirektion der Zölle und indirekten Steuern, ferner die derzeit vorhandenen Eisenbahnsekretäre, Eisenbahnverwalter, Bauverwalter, Maschinenverwalter, Telegraphenverwalter, Postsekretäre und Postverwalter zuzuteilen, die genannten Beamten der Verkehrsverwaltung mit dem Abmaße, daß ihnen nach Erreichung des Gehalts von 4800 ℳ nach je weiteren drei Dienstjahren zwei weitere Vorrückungen zu je 300 ℳ zugestanden werden.

1) Einschließlich der technischen Bahn- und Postverwalter sowie einschließlich der auf Arbeitsposten I. Klasse verwendeten Eisenbahn- und Postsekretäre, soweit sie am 1. Januar 1909 eine mindestens 15 jährige statusmäßige Dienstzeit in der derzeitigen Kategorie B zurückgelegt haben.

Klasse der Gehaltsordnung	Beamtenklasse	Steigende Gehalte: 1. bis 3. Dienstjahre	vom 4.	vom 7.	vom 10.	vom 13.	vom 16.	vom 19.	vom 22.	vom 25.
		ℳ	ℳ	ℳ	ℳ	ℳ	ℳ	ℳ	ℳ	ℳ
15	Hauslehrer der Strafanstalten. . Hauslehrer der Arbeitshäuser und der Staatserziehungsanstalten Präparandenlehrer der vollen Lehrerbildungsanstalten, Schullehrerseminare und Präparandenschulen. . . . . Realienlehrer der Waldbauschulen.	2400	2700	3000	3300	3600	3900	4200	4500	4800

Klasse der Gehaltsordnung	Beamtenklasse	Steigende Gehalte: 1. bis 3. Dienstjahre	vom 4.	vom 7.	vom 10.	vom 13.	vom 16.	vom 19.
		ℳ	ℳ	ℳ	ℳ	ℳ	ℳ	ℳ
16	Markscheider der Berginspektionen Berginspektionsassistenten Gewerbeaufsichtsassistenten Gewerbeaufsichtsassistentinnen Registratoren des Verwaltungsgerichtshofs Kassier der Flurbereinigungskommission Bezirkskommissäre [1]) / Sicherheitskommissäre [1]) / Obersekretäre } der Polizeidirektion Gestütsrendant in Zweibrücken Rendant des Gendarmeriekorps Sekretäre / Registratoren } des Oberkonsistoriums Kassiere und Sekretäre der Kunstgewerbeschulen Kassier der Gymnasien in Nürnberg Kassier und Sekretär des Technikums in Nürnberg Kassier und Sekretär der Baugewerkschule mit Gewerbelehrerinstitut in München Kartographen der Ministerialforstabteilung Sekretär / Registrator } des Obersten Rechnungshofs Rechnungskommissäre der Regierungen, Kammern der Finanzen, Forstabteilungen Hütteningenieure / Obersteiger / Einfahrer / Oberwerkmeister } der Bergwerks-, Hütten- und Salinenverwaltung Kassekontrolleur / Revisoren } des Katasterbureaus Kassiere und Sekretäre / Kurgärtner } der Badverwaltungen Kassekontrolleur des Hauptmünzamts Technische Eisenbahnsekretäre Oberbahnmeister Technische Postsekretäre	2400	2700	3000	3300	3600	3900	4200

Dieser Klasse sind für ihre Person auch der derzeitige Sekretär und Registrator des Oberbergamts, die derzeitigen Buchhalter und der derzeitige Registrator der General-Bergwerks- und Salinenadministration, der derzeitige Registrator der Staatsschuldentilgungskommission, die derzeitigen Buchhalter der Staatsschuldentilgungskassen, der derzeitige Sekretär des Katasterbureaus sowie die derzeitigen Steuerrevisoren, die nicht zu Steuerverwaltern ernannt werden, zuzuteilen.

[1]) Die Bezirkskommissäre und Sicherheitskommissäre der Polizeidirektion erhalten neben ihrem Gehalte freie Dienstwohnung und in Ermanglung einer solchen eine nichtpensionsfähige Wohnungsentschädigung.

Klasse der Gehaltsordnung	Beamtenklasse	Steigende Gehalte: 1. bis 3. Dienstjahre	vom 4.	vom 7.	vom 10.	vom 13.	vom 16.	vom 19.
		ℳ	ℳ	ℳ	ℳ	ℳ	ℳ	ℳ
17	Sekretär und Registrator des Oberbergamts							
	Kartographen der Geognostischen Untersuchung							
	Amtsanwälte im Hauptamte [1]							
	Sekretäre [1] der Landgerichte							
	Sekretäre [1] der Staatsanwaltschaften							
	Sekretäre [1] der Amtsgerichte							
	Hauslehrerinnen der Strafanstalten							
	Sekretäre und Registratoren des Landesversicherungsamts							
	Sekretäre und Registratoren des Statistischen Landesamts							
	Sekretäre und Registratoren der Flurbereinigungskommission							
	Sekretäre und Registratoren der Landgestütsverwaltung							
	Sekretäre und Registratoren der Agrikulturbotanischen Anstalt							
	Sekretäre und Registratoren der Moorkulturanstalt							
	Revisoren [2], Sekretäre und Registratoren der Kreisregierungen	1800	2100	2400	2700	3000	3300	3600
	Polizeisekretäre							
	Bezirksamtssekretäre							
	Sekretäre und Bauführer des Hydrotechnischen Bureaus							
	Bauführer der Bauämter							
	Bauführer der Sektionen für Wildbachverbauung							
	Kulturbauführer der Flurbereinigungskommission							
	Kulturbauführer der Moorkulturanstalt							
	Kulturbauführer des kulturtechnischen Dienstes							
	Pflegerinnen der Polizeidirektion							
	Hauslehrerinnen der Arbeitshäuser und der Staatserziehungsanstalten							
	Ökonomieverwalter des Arbeitshauses Rebdorf							
	Kanzlei-, Kassesekretäre und Registratoren der Hochschulen und der Akademien							
	Bibliotheksekretäre							

1) Einschließlich der Amtsanwälte im Geschäftskreise des Staatsministeriums des Innern.

Die juristisch gebildeten Amtsanwälte und Sekretäre beginnen mit dem Gehalte der dritten Dienstaltersstufe.

2) Einschließlich der Revisoren der land- und forstwirtschaftlichen Berufsgenossenschaften.

Klasse der Gehaltsordnung	Beamtenklasse	Steigende Gehalte:						
		1. bis 3.	vom 4.	vom 7.	vom 10.	vom 13.	vom 16.	vom 19.
		Dienstjahre						
		M	*M*	*M*	*M*	*M*	*M*	*M*
Noch 17	Sekretäre und Registratoren der Konsistorien Zahntechniker der Universitäten Bauführer der Universitäten Förster der Universitäten Verwalter der Walhalla Sekretäre und Registratoren der Generaldirektion der Zölle und indirekten Steuern [1] Sekretäre und Registratoren der Hauptzollämter Sekretäre [2] und Registratoren der Bergwerks-, Hütten- und Salinenverwaltung Sekretäre [3] und Registratoren der Staatsschuldentilgungsanstalt Sekretäre und Registratoren der Rechnungskammer Sekretäre und Registratoren des Katasterbureaus Sekretäre der Zentralstaatskasse [4] Sekretäre der Kreiskassen [5] Sekretäre des Hauptmünzamts Sekretäre des Hofbräuamts Rentamtssekretäre Regierungsforstsekretäre Förster [6] Zollrevisoren [7] Steuerrevisoren Steiger der Bergwerks-, Hütten- und Salinenverwaltung Katastergraveure des Katasterbureaus Ökonomieverwalter } des Hofbräu- Materialverwalter } amts Eisenbahnsekretäre Postsekretäre	1800	2100	2400	2700	3000	3300	3600

Dieser Klasse sind auch die Kanzlisten des Oberkonsistoriums, der Kreisregierungen, der Konsistorien, der Generaldirektion der Zölle und indirekten Steuern, der Staatsschuldentilgungsanstalt und der Rechnungskammer, der Hauptsalzamtsschreiber sowie die derzeit vorhandenen Kapitäne I. Klasse der Bodenseedampfschiffahrt, ferner die derzeit vorhandenen Postexpeditoren II. Klasse für ihre Person zuzuteilen, letztere mit dem Abmaße, daß der Gehalt der sechsten Dienstaltersstufe zu 3300 *M* für sie den Höchstgehalt zu bilden hat.

1) Einschließlich der seitherigen Offizianten der Zentralzollkasse.

2) Bisherige Kassefunktionäre, Materialrechner, Kasseoffizianten und Buchhalter.

3) Bisherige Kassefunktionäre, Offizianten, Buchhalter, Sekretäre und Zahlmeister.

4) Bisherige Kassefunktionäre, Offizianten, Buchhalter und Zahlmeister.

5) Bisherige Funktionäre, Offizianten und Zahlmeister.

6) Bisherige Forstwarte und Förster.

7) Zollrevisoren = bisherige Zolladjunkten und Zollrevisoren.

Klasse der Gehaltsordnung	Beamtenklasse	Steigende Gehalte: 1. bis 3. Dienstjahre	vom 4.	vom 7.	vom 10.	vom 13.	vom 16.	vom 19.
		ℳ	ℳ	ℳ	ℳ	ℳ	ℳ	ℳ
18	Kanzleiexpeditoren der Gerichte und Staatsanwaltschaften . . . . . . Buchhalter der Strafanstalten . . . . . Buchhalter der Arbeitshäuser und Staatserziehungsanstalten . . . . . . Rendant der Schutzmannschaft. . . . . Oberwerkführer der Verkehrsverwaltung Oberstationsmeister, Bahnmeister, Oberwagenmeister, Oberrangiermeister, Technische Oberassistenten der Staatseisenbahnverwaltung Postexpeditoren [1])	2250	2400	2550	2700	2850	3000	3150

1) Bisherige Postexpeditoren II. Klasse.

Klasse der Gehaltsordnung	Beamtenklasse	Steigende Gehalte: 1. bis 3. Dienstjahre	vom 4.	vom 7.	vom 10.	vom 13.	vom 16.	vom 19.
		ℳ	ℳ	ℳ	ℳ	ℳ	ℳ	ℳ
19	Druckereiwerkmeister des Staatsministeriums der Justiz . . . . Gefängnisverwalter, Hausverwalter der Strafanstalten Obermaschinisten der Justizverwaltung . Hausverwalter der Arbeitshäuser und der Staatserziehungsanstalten . . . . Oberwachtmeister der Schutzmannschaft [1]) Werkmeister der Hochschulen . . . . . Werkmeister der Akademien . . . . . Werkmeister der Generalkonservatorien . Werkmeister des Technikums in Nürnberg Werkmeister der Baugewerkschule mit Gewerbelehrerinstitut in München . Techniker der Kunstgewerbeschulen . . . Techniker für die Röckl'sche Metallgußerfindung . . . . Zolleinnehmer . . . . Werkmeister der Bergwerks-, Hütten- und Salinenverwaltung . . . . Druckereiwerkmeister des Katasterbureaus Faktor der Druckerei des Hauptmünzamts	2100	2250	2400	2550	2700	2850	3000

1) Beim Kommando und Abteilungsbefehlshaber.

Klasse der Gehaltsordnung	Beamtenklasse	Steigende Gehalte: 1. bis 3. Dienstjahre	vom 4.	vom 7.	vom 10.	vom 13.	vom 16.	vom 19.
		ℳ	ℳ	ℳ	ℳ	ℳ	ℳ	ℳ
Noch 19	Oberassistenten . . . . } der Verkehrsverwaltung Kanzlisten . . . . . . } Registratoren . . . . . } Oberpackmeister } der Staatseisenbahnverwaltung . . . . Gasmeister } Werkstätteleiter } der Post- und Telegraphenverwaltung Obermaschinisten } Kapitäne [1]) } der Bodenseedampfschiffahrt. . . . . Oberpackmeister }	2100	2250	2400	2550	2700	2850	3000

Dieser Klasse sind auch die noch vorhandenen Paliere der Staatseisenbahnverwaltung bisheriger Ordnung für ihre Person zuzuteilen.

1) 300 ℳ pensionsfähiger Anschlag von Nebenbezügen.
Beamten der Verkehrsverwaltung, die sich im Genusse eines pensionsfähigen Nebenbezugs befinden, bleibt im Falle der Überführung auf eine Stelle, mit der ein solcher Nebenbezug nicht verbunden ist, das im Zeitpunkte der Überführung sich berechnende pensionsfähige Diensteinkommen für den Pensionierungsfall allgemein insolange gewahrt, als ihr pensionsfähiges Diensteinkommen auf der neuen Stelle geringer sein würde.

Klasse der Gehaltsordnung	Beamtenklasse	1. bis 3.	vom 4.	vom 7.	vom 10.	vom 13.	vom 16.	vom 19.
20	Stabsoberwachtmeister der Gendarmerie } Oberlokomotivführer [1]) . . . . }	1950	2100	2250	2400	2550	2700	2850

1) 400 ℳ pensionsfähiger Anschlag von Nebenbezügen.

Klasse der Gehaltsordnung	Beamtenklasse	1. bis 3.	vom 4.	vom 7.	vom 10.	vom 13.	vom 16.	vom 19.
21	Kanzlei- u. Registraturassist. } der Staats- Boten und Diener } ministerien [1]) Kanzleiassistenten der Gesandtschaften . Sekretariatsassistenten des Obersten Landesgerichts und der Generalstaatsanwaltschaft . . . . Gerichtsvollzieher [2]) . . . . Baupaliere der Justizverwaltung . . . Kanzlei- und Registraturassistenten des Verwaltungsgerichtshofs . . . . . Kanzleiassistenten des Reichsarchivs . . Arrestverwalter } der Polizeidirektion . Rottmeister } Bauzeichner des Hydrotechnischen Bureaus Bauzeichner } der Bauämter . . . . . . Offizianten } Bauzeichner } der Sektionen für Wildbachverbauung . . Offizianten }	1800	1950	2100	2250	2400	2550	2700

1) Einschließlich der Obersten Baubehörde.
2) 150 ℳ pensionsfähiger Anschlag von Nebenbezügen.

Klasse der Gehaltsordnung	Beamtenklasse	Steigende Gehalte: 1. bis 3.	vom 4.	vom 7.	vom 10.	vom 13.	vom 16.	vom 19.
		Dienstjahre						
		M	M	M	M	M	M	M
Noch 21	Baupaliere der Arbeitshäuser Obergärtner der Moorkulturanstalt Oberaufseher der Gestütsanstalten Gendarmerie-Oberwachtmeister [1] Wachtmeister der Schutzmannschaft [2] Kanzlei- und Registraturassistenten des Oberkonsistoriums Mechaniker der Hochschulen und der Akademien Mechaniker des Technikums in Nürnberg Mechaniker der Baugewerkschule mit Gewerbelehrerinstitut in München Präparatoren der Hochschulen Präparatoren der Akademien Präparatoren des Nationalmuseums Präparatoren der Generalkonservatorien Präparatoren der Graphischen Sammlung Obergärtner der Botanischen Gärten Fecht- und Reitlehrer der Universitäten Technischer Offiziant der Akademie der Wissenschaften Offizianten des Generalkonservatoriums der wissenschaftlichen Sammlungen Offizianten der Gymnasien Kanzlei- und Registraturassistenten des Obersten Rechnungshofs Bauzeichner der Bergwerks-, Hütten- und Salinenverwaltung Offizianten (Zeichner) der Messungsämter Zeichner der Verkehrsverwaltung Zugführer [3], Wagenmeister, Bauassistenten der Staatseisenbahnverwaltung Oberschaffner [4], Oberpackmeister, Oberbriefträger, Bauzeichner der Post- und Telegraphenverwaltung Schiffsführer der Kettenschleppschiffahrt [3]	1800	1950	2100	2250	2400	2550	2700

Dieser Klasse sind für ihre Person auch die bisherigen Flußwärter im Status der Bauführer zuzuteilen.

1) Befehlshaber der Brigadestation.
2) Stationsbefehlshaber.
3) 300 M pensionsfähiger Anschlag von Nebenbezügen.
4) 300 M pensionsfähiger Anschlag von Nebenbezügen bei Verwendung im Fahrpostdienste.

Klasse der Gehaltsordnung	Beamtenklasse	Steigende Gehalte: 1. bis 3. Dienstjahre	vom 4.	vom 7.	vom 10.	vom 13.	vom 16.	vom 19.
		M	*M*	*M*	*M*	*M*	*M*	*M*
22	Steindrucker der Staatsministerien . . . Boten und Diener der Gesandtschaften . Maschinist des Arbeitermuseums . . . Boten des Obersten Landesgerichts . . Maschinisten der Justizverwaltung . . . Werkführer, Oberkrankenwärter, Landwirtschaftl. Assistenten, Küchenmeister, Waschmeister } der Strafanstalten u. Gerichtsgefängnisse Nachrichter . . . . Boten und Diener des Verwaltungsgerichtshofs . . . . Flußmeister . . . . Werkführer, Maschinisten, Küchenmeister, Waschmeister, Oberkrankenwärter } der Arbeitshäuser Maschinisten der Hochschulen . . . . . . Maschinisten der Akademien . . . . . Maschinisten des Generalkonservatoriums der wissenschaftlichen Sammlungen Maschinisten des Technikums in Nürnberg Maschinisten der Baugewerkschule mit Gewerbelehrerinstitut in München . Boten und Diener des Oberkonsistoriums Oberdiener, Hausmeister } der Hochschulen und Akademien Hausmeister, Oberdiener } der Hof- und Staatsbibliothek Oberaufseher, Hausmeister } der Gemäldegalerien . Oberaufseher, Hausmeister } des Nationalmuseums . Boten und Diener des Obersten Rechnungshofs . . . . Hafenmeister der Verwaltung der Zölle und indirekten Steuern . . . . . Wagmeister, Schlossereiaufseher } der Salinenverwaltung Geldzähler der Zentralstaatskasse . . . Maschinisten des Katasterbureaus . . . Maschinisten der Badverwaltungen . . . Vorarbeiter des Hauptmünzamts . . . Büttner des Weinguts . . . . Werkführer, Geldzähler, Maschinisten [1] } der Verkehrsverwaltung	1800	1900	2000	2100	2200	2300	2400

1) Maschinisten der Bodenseedampfschiffahrt und der Kettenschleppschiffahrt 240 *M* pensionsfähiger Anschlag von Nebenbezügen.

Klasse der Gehaltsordnung	Beamtenklasse	Steigende Gehalte: 1. bis 3. Dienstjahre	vom 4.	vom 7.	vom 10.	vom 13.	vom 16.	vom 19.
		ℳ	ℳ	ℳ	ℳ	ℳ	ℳ	ℳ
Noch 22	Stationsmeister, Rangiermeister, Turmwärter der Staatseisenbahnverwaltung Ländemeister der Bodenseedampfschiffahrt . . . . Kanalmeister des Ludwig-Donau-Main-Kanals	1800	1900	2000	2100	2200	2300	2400

Dieser Klasse sind auch die derzeit vorhandenen Oberportiers und Imprägniermeister der Staatseisenbahnverwaltung für ihre Person zuzuteilen.

Klasse der Gehaltsordnung	Beamtenklasse	1. bis 3.	vom 4.	vom 7.	vom 10.	vom 13.	vom 16.	vom 19.
23	Kanzlei- und Registraturassistenten des Oberbergamts . . . . Sekretariatsassistenten der Oberlandesgerichte und der Oberstaatsanwaltschaften . . . . Kanzlei- und Registraturassistenten des Landesversicherungsamtes . . . . . Kanzlei- und Rechnungsassistenten des Statistischen Landesamts . . . . . . Kanzlei- und Registraturassistenten der Landgestütsverwaltung . . . . . . Kanzlei- und Registraturassistenten der Kreisregierungen . . . . Kanzlei- und Rechnungsassistenten der Flurbereinigungskommission . . . Polizeiassistenten . . . . Kanzleiassistenten der Kreisarchive . . . Kanzleiassistenten des Hydrotechnischen Bureaus . . . . Kanzleiassistenten der Agrikulturbotanischen Anstalt . . . . Kanzleiassistenten der Moorkulturanstalt . Kanzlei- und Bureauassistenten des Stenographischen Instituts . . . . . Kanzlei-, Kasse- und Registraturassistenten der Hochschulen . . . . Kanzlei-, Kasse- und Registraturassistenten der Akademien . . . . Kanzlei-, Kasse- und Registraturassistenten des Nationalmuseums . . . . . . Kanzlei-, Kasse- und Registraturassistenten der Generalkonservatorien . . . . Kanzlei-, Kasse- und Registraturassistenten des Technikums in Nürnberg . . . Kanzlei- und Registraturassistenten der Konsistorien . . . . Kanzlei- und Registraturassistenten der Meteorologischen Zentralstation . . Kanzlei- und Registraturassistenten der Hebammenschulen	1500	1650	1800	1950	2100	2250	2400

Klasse der Gehaltsordnung	Beamtenklasse	Steigende Gehalte: 1. bis 3. Dienstjahre	vom 4.	vom 7.	vom 10.	vom 13.	vom 16.	vom 19.
		ℳ	ℳ	ℳ	ℳ	ℳ	ℳ	ℳ
Noch 23	Kanzlei- und Registraturassistenten der Generaldirektion der Zölle und indirekten Steuern . . . . Kanzlei- und Registraturassistenten der Hauptzollämter . . . . Kanzlei- und Registraturassistenten der Bergwerks-, Hütten- und Salinenverwaltung . . . . Kanzlei- und Registraturassistenten der Staatsschuldentilgungsanstalt . . . Kanzlei- und Registraturassistenten der Rechnungskammer . . . . Assistenten des Katasterbureaus[1] . . . Kanzleiassistenten der Badverwaltungen Kanzlei- und Bureauassistenten der Verkehrsverwaltung . . . . Magazinsassistenten der Staatseisenbahnverwaltung . . . . Postadjunkten[2]	1500	1650	1800	1950	2100	2250	2400

Dieser Klasse sind auch die derzeit vorhandenen Amtsgehilfen der Staatseisenbahnverwaltung für ihre Person zuzuteilen.

1) Kataster-, Zeichnungs-, Kasse-, Kanzlei-, Registratur- und Lithographieassistenten.

2) Seitherige statusmäßige Postgehilfen.

24	Oberaufseher und Oberaufseherinnen der Strafanstalten u. Gerichtsgefängnisse Oberaufseher und Oberaufseherinnen der Arbeitshäuser u. Staatserziehungsanstalten Packmeister der Verkehrsverwaltung . . Lokomotivführer[1] Wagenwärter[1] der Staatseisenbahnverwaltung Fahrpostschaffner[1] Briefträger der Post- und Telegraphenverwaltung Steuermänner[1] der Bodenseedampfschiffahrt . . . . Steuermänner[1] der Kettenschleppschiffahrt	1700	1800	1900	2000	2100	2200	2300

1) 250 ℳ pensionsfähiger Anschlag von Nebenbezügen.

25	Boten und Diener des Geheimen Haus- und Staatsarchivs . . . . Boten und Diener des Oberbergamts . Boten und Diener der Geognostischen Untersuchung . . . . Boten der Oberlandesgerichte . . . . . Steindrucker der Oberlandesgerichte und der Landgerichte . . . . Gefängniswärter . . . . Gerichtsvollzieher in Strafsachen . . . . Boten und Diener des Landesversicherungsamts	1500	1600	1700	1800	1900	2000	2100

Klasse der Gehaltsordnung	Beamtenklasse	Steigende Gehalte: 1. bis 3.	vom 4.	vom 7.	vom 10.	vom 13.	vom 16.	vom 19.
		Dienstjahre						
		ℳ	ℳ	ℳ	ℳ	ℳ	ℳ	ℳ
Noch 25	Boten und Diener des Statistischen Landesamts							
	Boten und Diener des Reichsarchivs							
	Boten und Diener des Hydrotechnischen Bureaus							
	Boten und Diener der Flurbereinigungskommission							
	Boten und Diener der Landgestütsverwaltung							
	Boten und Diener der Agrikulturbotanischen Anstalt							
	Boten und Diener der Moorkulturanstalt							
	Boten und Diener der Kreisregierungen							
	Boten und Diener der Polizeidirektion 1)							
	Boten und Diener der Schutzmannschaft							
	Boten und Diener des Gendarmerie-Korps-Kommandos							
	Boten und Diener des Stenographischen Instituts							
	Hausmeister des Glaspalastes							
	Steindrucker der Kreisregierungen							
	Steindrucker der Polizeidirektion							
	Aufseher, Gestütsschmiede } der Gestütsanstalten	1500	1600	1700	1800	1900	2000	2100
	Kulturaufseher der Moorkulturanstalt							
	Gendarmeriewachtmeister 2)							
	Schutzmänner							
	Pedelle, Diener I. Ordnung 3) } der Hochschulen							
	Diener I. Ordnung 3) der Akademien							
	Diener I. Ordnung 3) der Generalkonservatorien							
	Boten und Diener der Hof- und Staatsbibliothek							
	Boten und Diener der Universitätsbibliotheken							
	Boten und Diener der Meteorologischen Zentralstation							
	Boten und Diener der Konsistorien							
	Pedelle und Diener der Lyzeen							
	Pedelle und Diener der Kunstgewerbeschulen							
	Pedelle und Diener des Technikums in Nürnberg							
	Pedelle und Diener der Baugewerkschule mit Gewerbelehrerinstitut in München							
	Pedelle der Gymnasien							

1) Einschließlich der Arrestwärter.
2) Stationsbefehlshaber.
3) Nach der Wichtigkeit der Dienstesaufgabe

Klasse der Gehaltsordnung	Beamtenklasse	Steigende Gehalte: 1. bis 3.	vom 5.	vom 7.	vom 10.	vom 13.	vom 16.	vom 19.
		Dienstjahre						
		ℳ	ℳ	ℳ	ℳ	ℳ	ℳ	ℳ
Noch 25	Pedelle der vollen Lehrerbildungsanstalten und der Schullehrerseminare. Hausmeister der Zentralturnlehrerbildungsanstalt . . . . Diener und Aufseher der Gemäldegalerien Diener und Aufseher der Graphischen Sammlung . . . . Diener und Aufseher des Nationalmuseums . . . . Oberaufseher der Ruhmeshalle . . . . . Feuerwächter der wissenschaftlichen und Kunst-Sammlungen . . . . Oberhebammen der Universitäts-Frauenkliniken . . . . Boten und Diener der Generaldirektion der Zölle und indirekten Steuern [1]. Boten und Diener der General-Bergwerks- und Salinen-Administration [2]) Boten und Diener der Staatsschuldentilgungsanstalt [3]) . . . . Boten und Diener der Rechnungskammer . . . . Boten und Diener des Katasterbureaus . Boten und Diener des Hauptmünzamts. Boten und Diener der Regierungen, Kammern der Finanzen, Forstabteilungen . . . . Boten und Diener der Forstlichen Hochschule . . . . Boten und Diener der Forstlichen Versuchsanstalt . . . . Boten und Diener der Kreiskassen . . . Boten und Diener des Hofbräuamts . Steuerboten und Rentamtsdiener [4]) . . Oberaufseher der Verwaltung der Zölle und indirekten Steuern . . . . . . Steindrucker, Buchbinder des Katasterbureaus . . . Aufseher der Bergwerks-, Hütten- und Salinenverwaltung . . . . Ständige Arbeiter des Hauptmünzamts. Seewart der Hoffischerei auf dem Chiemsee . . . . Obergärtner der Badverwaltungen . . Weinbergsgärtner	1500	1600	1700	1800	1900	2000	2100

1) Einschließlich der Kassediener und Geldzähler der Zentralzollkasse.

2) Einschließlich der Kassediener und Geldzähler der General-Bergwerks- und Salinen-Hauptkasse.

3) Einschließlich der Kassediener und Geldzähler der Staatsschuldentilgungskassen.

4) 150 ℳ pensionsfähiger Anschlag von Nebenbezügen.

Klasse der Gehaltsordnung	Beamtenklasse	Steigende Gehalte: 1. bis 3.	vom 4.	vom 7.	vom 10.	vom 13.	vom 16.	vom 19.
		Dienstjahre						
		ℳ	ℳ	ℳ	ℳ	ℳ	ℳ	ℳ
Noch 25	Direktionsdiener der Verkehrsverwaltung Stationsaufseher Zugspackmeister¹) Packer im Stationsdienste Schaffner¹) Lokomotivheizer¹) Fahrkartendrucker Steindrucker Weichensteller Vorarbeiter (der Staatseisenbahnverwaltung) Expeditorinnen der Post- und Telegraphenverwaltung . . . . Schiffsheizer¹) der Bodenseedampfschiffahrt . . . . Schiffsheizer¹) der Kettenschleppschiffahrt	1500	1600	1700	1800	1900	2000	2100

Dieser Klasse sind auch die Zollamtsdiener älterer Ordnung und der derzeitige Oberaufseher der Walhalla zuzuteilen.

1) 250 ℳ pensionsfähiger Anschlag von Nebenbezügen.

26	Sekretariatsassistenten der Landgerichte. Sekretariatsassistenten der Staatsanwaltschaften . . . . Sekretariatsassistenten der Amtsgerichte Kanzlei- und Rechnungsassistenten der Strafanstalten . . . . Bezirksamtsassistenten . . . . Kanzleiassistenten der Bauämter . . . Kanzleiassistenten der Sektionen für Wildbachverbauung . . . . Kanzleiassistenten der Untersuchungsanstalten für Nahrungs- und Genußmittel . . . . Kanzlei- und Rechnungsassistenten der Arbeitshäuser und der Staatserziehungsanstalten . . . . Forstwarte der Universitäten . . . . Rentamtsassistenten . . . . Forstassistenten . . . . Zeichnungsassistenten der Messungsämter Kanzleigehilfen der Verkehrsverwaltung . Magazinsgehilfen der Staatseisenbahnverwaltung	1200	1350	1500	1650	1800	1950	2100

Die derzeitigen Kanzleigehilfen der Verkehrsverwaltung erhalten für ihre Person den Gehalt der zweiten Dienstaltersstufe als Anfangsgehalt.

27	Heizer der Gerichtsgebäude und Gerichtsgefängnisse . . . . Werkaufseher Küchenaufseher Waschaufseher Gartenaufseher Werkaufseherinnen (der Strafanstalten und Gerichtsgefängnisse . . .)	1400	1500	1600	1700	1800	1900	2000

Klasse der Gehaltsordnung	Beamtenklasse	Steigende Gehalte: 1. bis 3. Dienstjahre	vom 4.	vom 7.	vom 10.	vom 13.	vom 16.	vom 19.
		ℳ	ℳ	ℳ	ℳ	ℳ	ℳ	ℳ
Noch 27	Werkaufseher Küchenaufseher Waschaufseher Gartenaufseher Werkaufseherinnen } der Arbeitshäuser und der Staatserziehungsanstalten Heizer der Verkehrsverwaltung . . . Packer im Fahrdienste [1]) Wagenwärtergehilfen [2]) Portiers Stationsdiener Bahnsteigschaffner Maschinenwärter Streckenwärter Blockwärter } der Staatseisenbahnverwaltung Schaffner Beleuchtungsdiener } der Post- u. Telegraphenverwaltung Matrosen [2]) der Bodensee-Dampfschiffahrt Matrosen [2]) der Kettenschleppschiffahrt .	1400	1500	1600	1700	1800	1900	2000

Dieser Klasse sind auch die derzeit vorhandenen Nachtwächter der Staatseisenbahnverwaltung für ihre Person zuzuteilen.

1) 180 ℳ pensionsfähiger Anschlag von Nebenbezügen.
2) 150 ℳ pensionsfähiger Anschlag von Nebenbezügen.

Klasse der Gehaltsordnung	Beamtenklasse	1. bis 3.	vom 4.	vom 7.	vom 10.	vom 13.	vom 16.	vom 19.
28	Amtsgerichtsdiener (ohne Gefängnisdienst) . . . . Landgerichtsboten . . . . Aufseher der Strafanstalten und Gerichtsgefängnisse . . . . Diener der Bezirksämter . . . . Diener der Bauämter . . . . Diener der Sektionen für Wildbachverbauung . . . . Diener der Kreisarchive . . . . Diener der Zentralimpfanstalt [1]) . . . Diener der Untersuchungsanstalten für Nahrungs- und Genußmittel . . . Aufseher der Arbeitshäuser und der Staatserziehungsanstalten . . . . Arrestwärter des Schubgefängnisses in Nürnberg . . . . Diener der Gendarmeriekompagnien . . Gendarmen . . . . Messungsgehilfen der Flurbereinigungskommission . . . . Diener II. Ordnung [2]) der Hochschulen [3]) Diener II. Ordnung [2]) der Akademien .	1300	1400	1500	1600	1700	1800	1900

1) Einschließlich der Kontumazanstalt.
2) Nach der Wichtigkeit der Dienstesaufgabe.
3) Einschließlich der Krankenwärter und Waldaufseher.

Klasse der Gehaltsordnung	Beamtenklasse	Steigende Gehalte: 1. bis 3. Dienstjahre	vom 4.	vom 7.	vom 10.	vom 13.	vom 16.	vom 19.
		M	*M*	*M*	*M*	*M*	*M*	*M*
Noch 28	Diener II. Ordnung[1]) der Generalkonservatorien . . . . Diener der Bibliothek in Bamberg . . Diener der Musikschule in Würzburg. . Diener der Hebammenschulen . . . . . Aufseher der Ruhmeshalle . . . . . . Aufseher der Walhalla . . . . Diener der Berg-, Hütten- und Salinenämter . . . . Grenzaufseher . . . . Messungsgehilfen des Katasterbureaus . Messungsgehilfen der Messungsämter . Bureaudiener der Verkehrsverwaltung . Kanalaufseher des Ludwig-Donau-Main-Kanals	1300	1400	1500	1600	1700	1800	1900

Dieser Klasse sind auch die derzeitigen Schuldiener der Gymnasien und die Pedelle der Präparandenschulen zuzuteilen, während deren Geschäfte bei eintretender Erledigung Personen gegen Taglohn oder Dienstboten übertragen werden sollen.

1) Nach der Wichtigkeit der Dienstesaufgabe.

Klasse der Gehaltsordnung	Beamtenklasse	1. bis 3.	vom 4.	vom 7.	vom 10.	vom 13.	vom 16.	vom 19.
29	Kanzlei-, Bureau- und Rechnungsassistentinnen . . . . Aufseherinnen der Strafanstalten und Gerichtsgefängnisse . . . . Aufseherinnen der Arbeitshäuser und der Staatserziehungsanstalten . . . . Telephonassistentinnen . . . . Telegraphenassistentinnen . . . . Postboten	1200	1300	1400	1500	1600	1700	1800
30	Brunnwärter . . . . Schleusenwärter . . . . Straßenwärter . . . . Ländeplatz- und Magazinsaufseher . . . Donaumoosswegmacher . . . . Gestütswärter . . . . Weinbergaufseher . . . . Kanalwärter . . . . Die vollbeschäftigten Waldwärter . . . Bahnwärter . . . . Schrankenwärter	1200	1250	1300	1400	1500	1600	1700

Dieser Klasse sind auch die derzeitigen Wiesenwärter und der derzeitige Fischereigehilfe der Hoffischerei auf dem Chiemsee zuzuteilen, während bei eintretender Erledigung deren Geschäfte Personen gegen Taglohn übertragen werden sollen.

Alphabetisches Verzeichnis der sämtlichen Beamten.

(Die Zahlen bedeuten die Klassen der Gehaltsordnung.)

Abteilungsvorstände der in den Klassen 5 und 6 bezeichneten Amtsgerichte 7.

Amtsanwälte im Hauptamte 17; — im Geschäftskreise des Staatsministeriums des Innern 17.

Amtsgehilfen der Staatseisenbahnverwaltung 23.

Amtsgerichts-Abteilungsvorstände der Amtsgerichte mit Bezirken von 50 000 bis 100 000 Einwohnern 9; — der in den Klassen 5 und 6 bezeichneten Amtsgerichte 7.

Amtsgerichtsdiener (ohne Gefängnisdienst) 28.

Amtsgerichtsvorstände mit Bezirken von mehr als 100 000 Einwohnern 6; — mit Bezirken von mehr als 40 000 bis 100 000 Einwohnern 7.

Amtsrichter 12.

Apotheker im Reisingerianum 12.

Arbeiter, ständige, des Hauptmünzamts 25.

Arrestverwalter der Polizeidirektion 21.

Arrestwärter der Polizeidirektion 25; — des Schubgefängnisses in Nürnberg 28.

Assessor der Saatzuchtanstalt 12; — technischer, des Hauptmünzamts 12.

Assessoren der Agrikulturbotanischen Anstalt 12; — der Arbeitshäuser 12; — der Berg-, Hütten- und Salinenämter 12; — der Geognostischen Untersuchung 12; — des Geheimen Haus- und Staatsarchivs 12; — der Moorkulturanstalt 12; — des Stenographischen Instituts 10; — der Strafanstalten 12.

Assistenten der Hochschulen, mit Beamteneigenschaft ausgestattete 12; — des Katasterbureaus (Kataster-, Zeichnungs-, Kasse-, Kanzlei-, Registratur- und Lithographieassistenten) 23; — landwirtschaftliche, der Strafanstalten und Gerichtsgefängnisse 22.

Aufseher der Arbeitshäuser und der Staatserziehungsanstalten 28; — der Bergwerks-, Hütten- und Salinenverwaltung 25; — der Gemäldegalerien 25; — der Gestütsanstalten 25; — der Graphischen Sammlung 25; — des Nationalmuseums 25; — der Ruhmeshalle 28; — der Strafanstalten und Gerichtsgefängnisse 28; — der Walhalla 28.

Aufseherinnen der Arbeitshäuser und der Staatser-

ziehungsanstalten 29; — der Strafanstalten und Gerichtsgefängnisse 29.
Außerordentl. Professoren, siehe „Professoren".
Bahnmeister der Staatseisenbahnverwaltung 18.
Bahnsteigschaffner d. Staatseisenbahnverwaltung 27.
Bahnverwalter, einschließlich der technischen 14.
Bahnwärter 30.
Bauamtmänner 9.
Bauamtsassessoren 12.
Bauassistenten der Staatseisenbahnverwaltung 21.
Bauführer der Bauämter 17; — des Hydrotechnischen Bureaus 17; — der Universitäten 17; — der Sektionen für Wildbachverbauung 17.
Baupaliere der Arbeitshäuser 21; — der Justizverwaltung 21.
Bauverwalter, die derzeitigen 14.
Bauzeichner der Bauämter 21; — der Bergwerks-, Hütten- und Salinenverwaltung 21; — des Hydrotechnischen Bureaus 21; — der Post- und Telegraphen-Verwaltung 21; — der Sektionen für Wildbachverbauung 21.
Befehlshaber der Brigadestationen 21.
Beleuchtungsdiener der Post- u. Telegraphenverwaltung 27.
Bergamtsassessoren 12.
Berginspektionsassistenten 16.
Berginspektoren 9.
Bergmeister 9.
Bezirksamtmänner 8.
Bezirksamtsassessoren 12.
Bezirksamtsassistenten 26.
Bezirksamtssekretäre 17.
Bezirksärzte 12.
Bezirksgeometer 12.
Bezirkskommissäre der Polizeidirektion 16.
Bezirkskulturingenieure 12.
Bezirkstierärzte einschließlich des Bezirkstierarztes der Polizeidirektion 12.
Bibliothekare der Bibliothek in Bamberg 9; — der Hof- und Staatsbibliothek 9; — der Bibliothek der Technischen Hochschule 9; — der Universitätsbibliotheken 9.
Bibliotheksekretäre 17.
Blockwärter der Staatseisenbahnverwaltung 27.
Boten der Agrikulturbotanischen Anstalt 25; — der Flurbereinigungskommission 25; — der Forstlichen Hochschule 25; — der Forstlichen Versuchsanstalt 25; — des Gendarmerie-Korpskommandos 25; — der General-Bergwerks- und Salinen-Administration 25; — der Generaldirektion der Zölle u. indirekten Steuern 25; — der Geognostischen Untersuchung 25; — der Gesandtschaften 22; — des Hauptmünzamts 25; — des Geheimen Haus- und Staatsarchivs 25: — des Hofbräuamts 25; — der Hof- und Staatsbibliothek 25; — des Hydrotechnischen Bureaus 25; — des Katasterbureaus 25;

— der Konsistorien 25; — der Kreiskassen 25; — der Kreisregierungen 25; — des Landesversicherungsamts 25; — der Landgestütsverwaltung 25; — der Meteorologischen Zentralstation 25; — der Moorkulturanstalt 25; — des Oberbergamts 25; — des Oberkonsistoriums 22; — der Oberlandesgerichte 25; — der Obersten Baubehörde 21; — des Obersten Landesgerichts 22; — des Obersten Rechnungshofs 22; — der Polizeidirektion 25; — der Rechnungskammer 25; — der Regierungen, Kammern der Finanzen, Forstabteilungen 25; — des Reichsarchivs 25; — der Schutzmannschaft 25; — der Staatsministerien 21; — der Staatsschuldentilgungsanstalt 25; — des Statistischen Landesamts 25; — des Stenographischen Instituts 25; — der Universitätsbibliotheken 25; — des Verwaltungsgerichtshofs 22.

Briefträger der Post- und Telegraphenverwaltung 24.

Brunnwärter 30.

Buchbinder des Katasterbureaus 25.

Buchhalter der Arbeitshäuser und Staatserziehungsanstalten 18; — die derzeitigen, der General-Bergwerks- und Salinenadministration 16; — der Staatsschuldentilgungskomission 16; — der Strafanstalten 18; — derzeitige, der Zentralstaatskasse 14.

Bureauassistenten des Stenographischen Instituts 23; — der Verkehrsverwaltung 23.

Bureauassistentinnen 29.

Bureaudiener der Verkehrsverwaltung 28.

Bureauvorstand der Kammer der Abgeordneten 7.

Büttner des Weinguts 22.

Chefs der Gendarmeriekompagnien 7; — des Gendarmeriekorps 5; — der Schutzmannschaft 7.

Chemiker der Biologischen Versuchsstation für Fischerei 11; — der Staatseisenbahnverwaltung 12.

Diener der Agrikulturbotanischen Anstalt 25; — I. Ordnung der Akademien 25; — II. Ordnung der Akademien 28; — der Bauämter 28; — der Baugewerkschule mit Gewerbelehrerinstitut in München 25; — der Berg-, Hütten- und Salinenämter 28; — der Bezirksämter 28; — der Bibliothek in Bamberg 28; — der Flurbereinigungskommission 25; — der Forstlichen Hochschule 25; — der Forstlichen Versuchsanstalt 25; — der Gemäldegalerien 25; — der Gendarmeriekompagnien 28; — des Gendarmerie-Korpskommandos 25; — der General-Bergwerks- und Salinenadministration 25; — der Generaldirektion der Zölle und indirekten

Steuern 25; — I. Ordnung der Generalkonservatorien 25; — II. Ordnung der Generalkonservatorien 28; — der Geognostischen Untersuchung 25; — der Gesandtschaften 22; — der Graphischen Sammlung 25; — des Hauptmünzamts 25; — des Geheimen Haus- und Staatsarchivs 25; — der Hebammenschulen 28; — I. Ordnung der Hochschulen 25; — II. Ordnung der Hochschulen 28; — der Hof- und Staatsbibliothek 25; — des Hofbräuamts 25; — des Hydrotechnischen Bureaus 25; — des Katasterbureaus 25; — der Konsistorien 25; — der Kontumazanstalt 28; — der Kreisarchive 28; — der Kreiskassen 25; — der Kreisregierungen 25; — der Kunstgewerbeschulen 25; — des Landesversicherungsamts 25; — der Landgestütsverwaltung 25; — der Lyzeen 25; — der Meteorologisch. Zentralstation 25; — der Moorkulturanstalt 25; — der Musikschule in Würzburg 28; — des Nationalmuseums 25; — des Oberbergamts 25; — des Oberkonsistoriums 22; — der Obersten Baubehörde 21; — des Oberst. Rechnungshofs 22; — der Polizeidirektion 25; — der Rechnungskammer 25; — der Regierungen, Kammern der Finanzen, Forstabteilungen 25; — des Reichsarchivs 25; — der Schutzmannschaft 25; — der Staatsministerien 21; — der Staatsschuldentilgungsanstalt 25; — des Statistischen Landesamts 25; — des Stenographischen Instituts 25; — des Technikums in Nürnberg 25; — der Universitätsbibliotheken 25; — der Untersuchungsanstalten für Nahrungs- und Genußmittel 28; — des Verwaltungsgerichtshofs 22; — der Sektionen für Wildbachverbauung 28; — der Zentralimpfanstalt 28.

Direktionsassessoren für ihre Person 11.

Direktionsdiener der Verkehrsverwaltung 25.

Direktionsräte der Staatseisenbahnverwaltung 9.

Direktor der Agrikulturbotanischen Anstalt 7; — der Akademie der bildenden Künste 5; — der Akademie für Landwirtschaft und Brauerei 6; — der Akademie der Tonkunst 6; — des Arbeitshauses Rebdorf 7; — der Baugewerkschule mit Gewerbelehrerinstitut in München 7; — der Ethnographischen Sammlung 7; — der Flurbereinigungskommission 5; — der Gemäldegalerien 5; — des Generalkonservatoriums der Kunstdenkmale und Altertümer 6; — der Graphischen Sammlung 7; — des Hauptmünzamts 6; — des

Hofbräuamts 7; — der Hof- und Staatsbibliothek 5; — des Hydrotechnischen Bureaus 5; — des Katasterbureaus 5; — der Meteorologischen Zentralstation 7; — der Moorkulturanstalt 7; — des Münzkabinetts 7; — der Musikschule Würzburg 8; — des Nationalmuseums 6; — der Polizeidirektion (Abteilungsvorstand) 6; — der Rechnungskammer 5; — des Reichsarchivs 5; — der Staatsschuldentilgungsanstalt 5; — des Statistischen Landesamts 5; — des Technikums in Nürnberg 6; — der Zentralturnlehrerbildungs-Anstalt 7.

Direktoren der Kunstgewerbeschulen 7; — der Landgerichte 7; — stellvertretende, der Landgerichte 7; — der vollen Lehrerbildungsanstalten und der Schullehrerseminare 7; — der Regierungen, Kammern der Finanzen 5; — der Regierungen, Kammern der Finanzen, Forstabteilungen 5; — der Regierungen, Kammern des Innern 5; — der Strafanstalten 7; — zweite, der Untersuchungsanstalten für Nahrungs- und Genußmittel 7.

Direktorialsekretär der General-Bergwerks- und Salinen-Administration 14.

Donaumooswegmacher 30.

Druckereiwerkmeister des Katasterbureaus 19; — des Staatsministeriums der Justiz 19.

Einfahrer der Bergwerks-, Hütten- und Salinenverwaltung 16.

Eisenbahnassessoren 12.

Eisenbahngeometer 12.

Eisenbahnsekretäre 17; — die derzeitigen 14; — technische 16.

Eisenbahnverwalter, die derzeitigen 14.

Etatsbuchhalter der Obersten Baubehörde 13.

Expeditorinnen der Post- und Telegraphenverwaltung 25.

Fahrkartendrucker der Staatseisenbahnverwaltung 25.

Fahrpostschaffner der Post- und Telegraphenverwaltung 24.

Faktor der Druckerei des Hauptmünzamts 19.

Fechtlehrer der Universitäten 21.

Feuerwächter der wissenschaftlichen und Kunst-Sammlungen 25.

Finanzassessoren der Regierungen, Kammern der Finanzen, und der Rechnungskammer 12; — der Verwaltung der Zölle und indirekten Steuern 12.

Fischereigehilfe, der derzeitige, der Hoffischerei auf dem Chiemsee 30.

Flaschenfüllereiverwalter des Hofbräuamts 14.

Flurbereinigungsgeometer (ausführende Geometer) 12.

Flußmeister 22.

Flußwärter, bisherige, im

Status der Bauführer für ihre Person 21.
Forstamtsassessoren 12.
Forstassistenten 26.
Förster 17; — der Universitäten 17.
Forstmeister 9.
Forsträte 7.
Forstwarte der Universitäten 26.
Gartenaufseher der Arbeitshäuser und der Staatserziehungsanstalten 27; — der Strafanstalten und Gerichtsgefängnisse 27.
Gasmeister der Staatseisenbahnverwaltung 19.
Gefängnisverwalter 19.
Gefängniswärter 25.
Geheime Legationsräte I. Klasse 5; — II. Klasse 6.
Geheime Rechnungskommissäre der Staatsministerien 13.
Geheime Registratoren der Staatsministerien 13.
Geheimer Sekretär des Statistischen Landesamts 13.
Geheime Sekretäre der Gesandtschaften 13; — der Staatsministerien 13.
Geldzähler der General-Bergwerks- und Salinen-Hauptkasse 25; — der Staatsschuldentilgungskassen 25; — der Verkehrsverwaltung 22; — der Zentralstaatskasse 22; — der Zentralzollkasse 25.
Gendarmen 28.
Gendarmerie-Hauptmänner 9.
Gendarmeriekompagnien, Chefs derselben 7.
Gendarmeriekorps, Chef desselben 5.
Gendarmerie-Oberwachtmeister 21.
Gendarmerieoffiziere 12.
Gendarmeriewachtmeister (Stationsbefehlshaber) 25.
Generaldirektionsräte 6.
Generaldirektor der Bergwerks-, Hütten- und Salinenverwaltung 5.
Generalstaatsanwalt des Obersten Landesgerichts 4; — des Verwaltungsgerichtshofs 4.
Geologen der Geognostischen Untersuchung einschl. des bisher. Landesgeologen 10.
Geometer der Flurbereinigungskommission (Flurbereinigungsgeometer) 12; — des Katasterbureaus (Katastergeometer) 12; — der Messungsämter (Bezirksgeometer) 12.
Gerichtsvollzieher 21; — in Strafsachen 25.
Gesandte mit dem Gehalte der Regierungspräsidenten 3.
Gestütsdirektoren 7.
Gestütsrendant in Zweibrücken 16.
Gestütsschmiede der Gestütsanstalten 25.
Gestütstierärzte 12.
Gestütswärter 30.
Gewerbeassessoren 12.
Gewerbeaufsichtsassistenten 16; — assistentinnen 16.
Gewerbeinspektoren 12.
Gewerberäte 9.
Grenzaufseher 28.
Grenzoberkontrolleure 12.

Gymnasiallehrer der humanistischen Gymnasien 12; — der Realgymnasien 12.
Hafenmeister der Verwaltung der Zölle und indirekten Steuern 22.
Hauptkassekontrolleur der General-Bergwerks- und Salinen-Administration 11; — der Staatsschuldentilgungsanstalt 11; — der Universitäten 11.
Hauptkassier der General-Bergwerks- und Salinen-Administration 9; — der Landgestütsverwaltung 13.
Hauptkassiere der Staatsschuldentilgungsanstalt 9.
Hauptlehrer der Präparandenschulen 12.
Hauptsalzamtsschreiber 17.
Hauptzollamtskontrolleure 11.
Hauptzollamtsverwalter 9.
Hauptzollamtsvorstände 7.
Hausärzte der Strafanstalten und der Gerichtsgefängnisse 12.
Hausgeistliche der Arbeitshäuser und der Staatserziehungsanstalten 12; — der Strafanstalten und der Gerichtsgefängnisse 12.
Hauslehrer der Arbeitshäuser und der Staatserziehungsanstalten 15; — der Strafanstalten 15; — der Strafanstalten, Arbeitshäuser und Staatserziehungsanstalten 12.
Hauslehrerinnen der Arbeitshäuser und der Staatserziehungsanstalten 17; — der Strafanstalten 17.
Hausmeister der Gemäldegalerien 22; — des Glaspalastes 25; — der Hochschulen und Akademien 22; — der Hof- und Staatsbibliothek 22; — des Nationalmuseums 22; — der Zentralturnlehrerbildungsanstalt 25.
Hausverwalter der Arbeitshäuser und der Staatserziehungsanstalten 19; — der Strafanstalten 19.
Heizer der Gerichtsgebäude und Gerichtsgefängnisse 27; — der Verkehrsverwaltung 27.
Hütteningenieure der Berg-werks-, Hütten- und Salinenverwaltung 16.
Hüttenverwalter 9.
Imprägniermeister d. Staatseisenbahnverwaltung 22.
Inspektionsvorstände der Staatseisenbahnverwaltung 9.
Inspektor des Hofbräuamts 13; — der Lithographischen Anstalt des Katasterbureaus 14; — der Lithographischen Anstalt des Staatsministeriums der Finanzen 14.
Inspektoren der Botanischen Gärten 14; — der Gerichtsgefängnisse 9; — der Strafanstalten 9; — der Untersuchungsanstalten für Nahrungs- und Genußmittel 10; — der Verkehrsverwaltung 11.
Kanalaufseher des Ludwig-Donau-Main-Kanals 28.

Kanalmeister des Ludwig-Donau-Main-Kanals 22.
Kanalwärter 30.
Kanzleiassistenten der Agrikulturbotanischen Anstalt 23; — der Akademien 23; — der Arbeitshäuser und der Staatserziehungsanstalten 26; — der Badverwaltungen 23; — der Bauämter 26; — der Bergwerks-, Hütten- und Salinenverwaltung 23; — der Flurbereinigungskommission 23; — der Generaldirektion der Zölle und indirekten Steuern 23; — der Generalkonservatorien 23; — der Gesandtschaften 21; — der Hauptzollämter 23; — der Hebammenschulen 23; — der Hochschulen 23; — des Hydrotechnischen Bureaus 23; — der Konsistorien 23; — der Kreisarchive 23; — der Kreisregierungen 23; — des Landesversicherungsamts 23; — der Landgestütsverwaltung 23; — der Meteorologischen Zentralstation 23; — der Moorkulturanstalt 23; — des Nationalmuseums 23; — des Oberbergamts 23; — des Oberkonsistoriums 21; — der Oberst. Baubehörde 21; — des Oberst. Rechnungshofs 21; — der Rechnungskammer 23; — des Reichsarchivs 21; — der Staatsministerien 21; — der Staatsschuldentilgungsanstalt 23; — des Statistischen Landesamts 23; — des Stenographischen Instituts 23; — der Strafanstalten 26; — des Technikums in Nürnberg 23; — der Untersuchungsanstalten für Nahrungs- und Genußmittel 26; — der Verkehrsverwaltung 23; — des Verwaltungsgerichtshofs 21; — der Sektionen für Wildbachverbauung 26.
Kanzleiassistentinnen 29.
Kanzleidirektor der Kammer der Reichsräte 7.
Kanzleiexpeditoren der Gerichte und Staatsanwaltschaften 18.
Kanzleigehilfen, die derzeitigen der Verkehrsverwaltung 26; — der Verkehrsverwaltung 26.
Kanzleisekretäre der Gesandtschaften 14; — der Hochschulen und Akademien 17.
Kanzlisten des Oberkonsistoriums, der Kreisregierungen, der Konsistorien, der Generaldirektion der Zölle und indirekten Steuern, der Staatsschuldentilgungsanstalt und der Rechnungskammer 17; — der Verkehrsverwaltung 19.
Kapitäne der Bodenseedampfschiffahrt 19; — I. Klasse, derzeitige, der Bodenseedampfschiffahrt 17.
Kartographen der Geognostischen Untersuchung 17; — der Ministerialforstabteilung 16.
Kasseabteilungsvorstände der Rentämter 9.

Kasseassistenten der Akademien 23; — der Generalkonservatorien 23; — der Hochschulen 23; — des Nationalmuseums 23; — des Technikums in Nürnberg 23.
Kassediener der General-Bergwerks- und Salinen-Hauptkasse 25; — der Staatsschuldentilgungskassen 25; — der Zentralzollkasse 25.
Kassekontrolleur, der derzeitige, des Hauptmünzamts 14; — des Hauptmünzamts 16; — der derzeitige, des Katasterbureaus 14; — des Katasterbureaus 16.
Kassesekretäre der Hochschulen und der Akademien 17.
Kassier der Akademie für Landwirtschaft und Brauerei 14; — der Akademie der Tonkunst 14; — der derzeitige, der Akademie der Wissenschaften 11; — der Akademie der Wissenschaften 14; — der Baugewerkschule mit Gewerbelehrerinstitut in München 16; — der Flurbereinigungskommission 16; — der Gymnasien in Nürnberg 16; — des Hauptmünzamts 13; — der derzeitige, des Katasterbureaus 11; — des Katasterbureaus 14; — des Nationalmuseums und des Generalkonservatoriums der Kunstdenkmale und Altertümer 14; — der Polizeidirektion 14; — des Technikums in Nürnberg 16; — der Technischen Hochschule 13; — der Tierärztlichen Hochschule 14.
Kassiere d. Badverwaltungen 16; — der Bergwerks-, Hütten- und Salinenverwaltung 14; — der Kunstgewerbeschulen 16.
Katastergeometer 12.
Katastergraveure des Katasterbureaus 17.
Konrektoren der humanistischen Gymnasien 7; — der Realgymnasien 7.
Konservatoren der Gemäldegalerien 9; — der Generalkonservatorien 9; — der Graphischen Sammlung 9; — der Kommission für internationale Erdmessung 9; — der Meteorologischen Zentralstation 9; — des Nationalmuseums 9.
Konsistorialdirektor in Speyer 5.
Konsistorialräte 7.
Kontrolleur der Zentralstaatskasse 9.
Krankenwärter der Hochschulen 28.
Kreisarchivare 9.
Kreisarchivassessoren 12.
Kreisbauassessoren 9.
Kreisbauräte 7.
Kreisgeometer 12.
Kreiskassekontrolleure 11.
Kreiskassiere 9.
Kreiskulturingenieure 7.
Kreismedizinalräte 7.
Kreistierärzte 7.
Küchenaufseher der Arbeitshäuser und der Staatserziehungsanstalten 27; —

der Strafanstalten und Gerichtsgefängnisse 27.

Küchenmeister der Arbeitshäuser 22; — der Strafanstalten und Gerichtsgefängnisse 22.

Kulturaufseher der Moorkulturanstalt 25.

Kulturbauführer der Flurbereinigungskommission 17; — des kulturtechnischen Dienstes 17; — der Moorkulturanstalt 17.

Kurgarteninspektor 13.

Kurgärtner der Badverwaltungen 16.

Kustoden der Bibliothek in Bamberg 12; — der Bibliothek der Technischen Hochschule 12; — der Gemäldegalerien 12; — der Generalkonservatorien 12; — der Graphischen Sammlung 12; — der Hof- u. Staatsbibliothek 12; — der Kommission für internationale Erdmessung 12; — des Nationalmuseums 12; — der Meteorologischen Zentralstation 12; — der Universitätsbibliotheken 12.

Ländemeister der Bodenseedampfschiffahrt 22.

Ländeplatzaufseher 30.

Landesinspektor für Tierzucht 6.

Landgerichtsärzte 9.

Landgerichtsboten 28.

Landgerichtsräte 9.

Landgestütstierarzt 7.

Landstallmeister 7.

Landtagsarchivar 7.

Landwirtschaftliche Assistenten der Strafanstalten und Gerichtsgefängnisse 22.

Landwirtschaftliche Fachberater 9.

Landwirtschaftslehrer 12.

Legationsräte 7; — Geheime, I. Klasse 5; — Geheime, II. Klasse 6.

Legationssekretäre I. Klasse 9; — II. Klasse 12.

Lehrer der Akademie der Tonkunst 12; — der Akademie für Landwirtschaft und Brauerei 12; — der Kunstgewerbeschulen 12; — der Musikschule in Würzburg 12; — derzeitige, der Zentralturnlehrerbildungsanstalt für ihre Person 10; — der Zentralturnlehrerbildungsanstalt 12.

Lehrerinnen der Kunstgewerbeschulen 14.

Lektoren der Hochschulen, mit Beamteneigenschaft ausgestattete 12.

Lokomotivführer der Staatseisenbahnverwaltung 24.

Lokomotivheizer der Staatseisenbahnverwaltung 25.

Lyzealrektoren, derzeitige 6.

Magazinsassistenten der Staatseisenbahnverwaltung 23.

Magazinsaufseher 30.

Magazinsgehilfen d. Staatseisenbahnverwaltung 26.

Markscheider der Berginspektionen 16.

Maschinenverwalter, die derzeitigen 14.

Maschinenwärter der Staatseisenbahnverwaltung 27.

Maschinist des Arbeitermuseums 22.
Maschinisten der Akademien 22; — der Badverwaltungen 22; — der Baugewerkschule mit Gewerbelehrerinstitut in München 22; — des Generalkonservatoriums der wissenschaftlichen Sammlungen 22; — der Hochschulen 22; — der Justizverwaltung 22; — des Katasterbureaus 22; — des Technikums in Nürnberg 22; — der Verkehrsverwaltung 22.
Materialverwalter der Berg-werks-, Hütten- und Salinenverwaltung 14; — der Generaldirektion der Zölle und indirekten Steuern 14; — des Hofbräuamts 17.
Matrosen d. Bodenseedampfschiffahrt 27; — der Kettenschleppschiffahrt 27.
Mechaniker der Baugewerkschule mit Gewerbelehrerinstitut in München 21; — der Hochschulen und der Akademien 21; — des Technikums in Nürnberg 21.
Medailleur des Hauptmünzamts 14.
Messungsgehilfen der Flurbereinigungskommission 28; — des Katasterbureaus 28; — der Messungsämter 28.
Ministerialdirektoren 4.
Ministerialforstabteilungs-Vorstand 4.
Ministerialräte einschließlich der technischen Ministerialräte 5.
Münzwardein 9.
Musiklehrer d. humanistischen Gymnasien 14; — der Realgymnasien 14.
Nachrichter 22.
Nachtwächter der Staatseisenbahnverwaltung 27.
Oberamtsrichter 9; — die nicht dienstaufsichtführenden 9.
Oberärzte der Universitätskliniken 12.
Oberassistenten, technische, der Staatseisenbahnverwaltung 18; — der Verkehrsverwaltung 19.
Oberaufseher der Arbeitshäuser und Staatserziehungsanstalten 24; — der Gemäldegalerien 22; — der Gestütsanstalten 21; — des Nationalmuseums 22; — der Ruhmeshalle 25; — der Strafanstalten und Gerichtsgefängnisse 24; — der Verwaltung der Zölle und indirekten Steuern 25; — der Walhalla 25.
Oberaufseherinnen der Arbeitshäuser und Staatserziehungsanstalten 24; — der Strafanstalten und Gerichtsgefängnisse 24.
Oberbahnmeister 16.
Oberbahnverwalter einschl. der technischen 13.
Oberbaudirektor 4.
Oberbauinspektoren 9.
Oberbergamtsassessoren 9.
Oberbergamtsmarkscheider 12.
Oberbergdirektor 5.
Oberbergräte 7.
Oberberg- und Salinenräte 7.
Oberbibliothekar in Bamberg

8; — der Hof- und Staatsbibliothek 6.
Oberbibliothekare der Hof- und Staatsbibliothek (Abteilungsvorstände) 7; — der Universitäten 7.
Oberbriefträger der Post- und Telegraphenverwaltung 21.
Oberbuchhalter der Staatsschuldentilgungsanstalt 11.
Oberdiener der Hochschulen und Akademien 22; — der Hof- u. Staatsbibliothek 22.
Obergärtner der Badverwaltungen 25; — der Botanischen Gärten 21; — der Moorkulturanstalt 21.
Obergeometer 9; — der Flurbereinigungskommission 9; — des Katasterbureaus 9; — der Staatseisenbahnverwaltung 9.
Oberhebammen der Universitätskliniken 25.
Oberingenieur der Hochofenanlage in Amberg 9.
Oberinspektoren 9.
Oberkonsistorialräte 6.
Oberkrankenwärter der Arbeitshäuser 22; — der Strafanstalten und Gerichtsgefängnisse 22.
Oberlandesgerichtsräte bei den Amtsgerichten, den Landgerichten und Oberlandesgerichten 7.
Oberlandstallmeister 5.
Oberlokomotivführer 20.
Obermaschineninspektoren 9.
Obermaschinisten der Justizverwaltung 19; — der Post- und Telegraphenverwaltung 19.
Oberpackmeister der Bodenseedampfschiffahrt 19; — der Post- und Telegraphenverwaltung 21; — der Staatseisenbahnverwaltung 19.
Oberportiers der Staatseisenbahnverwaltung 22.
Oberpostassessoren für ihre Person 11.
Oberpostdirektoren 5.
Oberpostinspektoren der Verkehrsverwaltung 9.
Oberposträte älterer Ordnung 6; — der Verkehrsverwaltung 7.
Oberpostverwalter einschl. der technischen 13.
Oberrangiermeister der Staatseisenbahnverwaltung 18.
Oberregierungsräte einschl. der technischen 6; — der Generaldirektion der Zölle und indirekten Steuern 6; — der Regierungen, Kammern d. Innern 6; — der Verkehrsverwaltung 6.
Oberschaffner der Post- und Telegraphenverwaltung 21.
Obersekretär des Oberst. Landesgerichts 13; — des Statistischen Landesamts 14.
Obersekretäre der Amtsgerichte 14; — der Landgerichte 14; — der Landgerichte und Amtsgerichte, die mit der Geschäftsführung nicht betraut sind 14; — der Oberlandesgerichte 13; — der Polizeidirektion 16; — der Staatsanwaltschaften 14.
Oberstaatsanwälte der Oberlandesgerichte 5.

Oberstationsmeister der Staatseisenbahnverwaltung 18.
Obersteiger der Bergwerks-, Hütten- und Salinenverwaltung 16.
Oberwachtmeister der Schutzmannschaft beim Kommando und Abteilungsbefehlshaber 19.
Oberwagenmeister d. Staatseisenbahnverwaltung 18.
Oberwerkführer der Verkehrsverwaltung 18.
Oberwerkmeister der Bergwerks-, Hütten- und Salinenverwaltung 16.
Offiziale der Verkehrsverwaltung für ihre Person 12.
Offiziant, technischer, der Akademie der Wissenschaften 21.
Offizianten der Bauämter 21; — des Generalkonservatoriums der wissenschaftlichen Sammlungen 21; — der Gymnasien 21; — (Zeichner) der Messungsämter 21; — der Sektionen für Wildbachverbauung 21; — der Zentralzollkasse 17.
Ökonomieverwalter des Hofbräuamts 17; — des Arbeitshauses Rebdorf 17.
Ordentliche Professoren, siehe „Professoren".
Packer im Fahrdienste der Staatseisenbahnverwaltung 27; — im Stationsdienste d. Staatseisenbahnverwaltung 25.
Packmeister der Verkehrsverwaltung 24.
Paliere der Staatseisenbahnverwaltung bisheriger Ordnung 19.
Pedelle der Baugewerkschule mit Gewerbelehrerinstitut in München 25; — der Gymnasien 25; — der Hochschulen 25; — der Kunstgewerbeschulen 25; — der vollen Lehrerbildungsanstalten u. Schullehrerseminare 25; — der Lyzeen 25; — (derzeitige) der Präparandenschulen 28; — des Technikums in Nürnberg 25.
Pflegerinnen der Polizeidirektion 17.
Polizeiassistenten 23.
Polizeihauptmann 9.
Polizeioffiziere 12.
Polizeipräsident 5.
Polizeisekretäre 17.
Portiers der Staatseisenbahnverwaltung 27.
Postadjunkten (seitherige statusmäßige Postgehilfen) 23.
Postamtsdirektoren 9.
Postassessoren 12.
Postboten 29.
Postexpeditoren 18; — II. Klasse, derzeit vorhandene 17.
Postinspektoren der Verkehrsverwaltung 11.
Postmeister der Verkehrsverwaltung 11.
Posträte 9.
Postsekretäre 17; — die derzeitigen 14; — technische 16.
Postverwalter, die derzeitigen, einschl. der technischen 14.
Präfekten der Lehrerbildungsanstalten 10.
Präparandenlehrer, ausgestattet mit dem Gehalt der

Seminarlehrer 12; — der vollen Lehrerbildungsanstalten, Schullehrerseminare u. Präparandenschulen 15.
Präparandenoberlehrer 10.
Präparatoren der Akademien 21; — der Generalkonservatorien 21; — der Graphischen Sammlung 21; — der Hochschulen 21; — des Nationalmuseums 21.
Präsident des Amtsgerichts München I 5; — der Generaldirektion der Zölle und indirekten Steuern 3; — des Landesversicherungsamts 5; — des Oberkonsistoriums 3; — des Obersten Landesgerichts 2; — des Obersten Rechnungshofs 3; — des Verwaltungsgerichtshofs 2.
Präsidenten der Eisenbahndirektionen 4; — der Kreisregierungen 3; — der Landgerichte 5; — der Oberlandesgerichte 3.
Präsidialsekretär d. Generaldirektion der Zölle und indirekten Steuern 14; — der Kreisregierungen 14.
Professoren der Akademie der bildenden Künste 7; — der Akademie für Landwirtschaft und Brauerei 8; — der Akademie der Tonkunst 8; — der Baugewerkschule mit Gewerbelehrerinstitut in München 9; — der Hebammenschulen 9; — der humanistischen Gymnasien 9; — der Kunstgewerbeschulen 9; — der Realgymnasien 9; — des Technikums in Nürnberg 9.
Professoren außerordentl., d. Forstlichen Hochschule 11; — der Lyzeen 11; — der Technischen Hochschule 11; — der Tierärztlichen Hochschule 11; — der Universitäten 11.
— **ordentliche**, der Forstlichen Hochschule 7; — der Lyzeen 7; — der Technischen Hochschule 7; — der Tierärztlichen Hochschule 7; — der Universitäten 7.
Quästoren der Universitäten 14.
Rangiermeister der Staatseisenbahnverwaltung 22.
Räte des Geheimen Haus- und Staatsarchivs 7; — des Hydrotechnischen Bureaus 7; — der Oberlandesgerichte 7; — des Obersten Landesgerichts 6; — des Oberst. Rechnungshofs 6; — des Reichsarchivs (Referenten) 7; — des Verwaltungsgerichtshofs 6.
Realienlehrer der Waldbauschulen, derzeitige 12; — der Waldbauschulen 15.
Reallehrer der Baugewerkschule mit Gewerbelehrerinstitut in München 12; — des Technikums in Nürnberg 12.
Rechnungsassistenten der Arbeitshäuser und der Staatserziehungsanstalten 26; — der Flurbereinigungskommission 23; — des Statistischen Landesamts 23; — der Strafanstalten 26.
Rechnungsassistentinnen 29.

Rechnungskommissär des Oberkonsistoriums 13.
Rechnungskommissäre der General-Bergwerks- und Salinenadministration 14; — der Konsistorien 14; — des Obersten Rechnungshofs 9: — der Regierungen, Kammern der Finanzen 9; — der Regierungen, Kammern der Finanzen, Forstabteilungen 16; — der Regierungen Kammern der Finanzen, und der Rechnungskammer 12; — der Regierungen, Kammern des Innern 14; — der Staatsschuldentilgungskommission 14; — der Verwaltung der Zölle und indirekten Steuern 12.
— **Geheime,** der Staatsministerien 13.
Referenten (Räte) des Reichsarchivs 7.
Regierungsassessoren 9.
Regierungsdirektoren d. Generaldirektion der Zölle und indirekten Steuern 5.
Regierungsforstbuchhalter 14.
Regierungsforstsekretäre 17.
Regierungsräte 7; — der Verkehrsverwaltung 7.
Regierungs- und Gewerberäte 7.
Registrator der General-Bergwerks- und Salinenadministration 16; — der derzeitige Erste, der Generaldirektion der Zölle und indirekten Steuern 14; — der derzeitige, des Oberbergamts 16; — des Oberbergamts 17; — des Obersten Rechnungshofs 16; — der Staatsschuldentilgungskommission 16.
Registratoren der Agrikulturbotanischen Anstalt 17; — der Bergwerks-, Hütten- und Salinenverwaltung 17; — der Flurbereinigungskommission 17; — der Generaldirektion der Zölle und indirekten Steuern 17; — der Hauptzollämter 17; — der Hochschulen und der Akademien 17; — des Katasterbureaus 17; — der Konsistorien 17; — der Kreisregierungen 17; — des Landesversicherungsamts 17; — der Landgestütsverwaltung 17; — der Ministerialforstabteilung 14; — der Moorkulturanstalt 17; — des Oberkonsistoriums 16; — der Obersten Baubehörde 14; — der Rechnungskammer 17; — Geheime, der Staatsministerien 13; — der Staatsministerien 14; — der Staatsschuldentilgungsanstalt 17; — des Statistischen Landesamts 17; — der Verkehrsverwaltung 19; — des Verwaltungsgerichtshofs 16.
Registraturassistenten der Akademien 23; — der Bergwerks-, Hütten- und Salinenverwaltung 23; — der Generaldirektion der Zölle u. indirekten Steuern 23; — der Generalkonservatorien 23; — der Haupt-

zollämter 23; — der Hebammenschulen 23; — der Hochschulen 23; — der Konsistorien 23; — der Kreisregierungen 23; — des Landesversicherungsamts 23; — der Landgestütsverwaltung 23; — der Meteorologischen Zentralstation 23; — des Nationalmuseums 23; — des Oberbergamts 23; — des Oberkonsistoriums 21; — der Obersten Baubehörde 21; — des Oberst. Rechnungshofs 21; — der Rechnungskammer 23; — der Staatsministerien 21; — der Staatsschuldentilgungsanstalt 23; — des Technikums in Nürnberg 23; — des Verwaltungsgerichtshofs 21.
Reichsarchivassessoren 12.
Reitlehrer d. Universitäten 21.
Rektoren der humanistischen Gymnasien 6; — der Realgymnasien 6.
Rendant des Gendarmeriekorps 16; — der Schutzmannschaft 18.
Rentamtmänner 9.
Rentamtsassessoren 12.
Rentamtsassistenten 26.
Rentamtsdiener 25.
Rentamts-Kasseabteilungsvorstände 9.
Rentamtssekretäre 17.
Rentamtsvorstände mit Kasseabteilung 7.
Revisoren des Katasterbureaus 16; — der Kreisregierungen 17; — der land- und forstwirtschaftlichen Berufsgenossenschaft 17.
Rottmeister der Polizeidirektion 21.
Salineninspektoren 9.
Salinenräte 7.
Schaffner der Post- und Telegraphenverwaltung 27; — der Staatseisenbahnverwaltung 25.
Schiffsführer der Kettenschleppschiffahrt 21.
Schiffsheizer der Bodenseedampfschiffahrt 25; — der Kettenschleppschiffahrt 25.
Schleusenwärter 30.
Schlossereiaufseher der Salinenverwaltung 22.
Schrankenwärter 30.
Schuldiener (derzeitige) der Gymnasien 28.
Schutzmänner 25.
Schutzmannschaft, Chef derselben 7.
Seewart der Hoffischerei auf dem Chiemsee 25.
Sekretär der Akademie der Tonkunst 14; — der Baugewerkschule mit Gewerbelehrerinstitut in München 16; — des Katasterbureaus 16; — des Nationalmuseums und des Generalkonservatoriums der Kunstdenkmale und Altertümer 14; — des Oberbergamts 17; — der derzeitige, des Oberbergamts 16; — des Obersten Rechnungshofs 16; — der derzeitige, der Staatsschuldentilgungskommission 14; — Geheimer, des Statistischen Landesamts 13; — der Tierärztlichen Hochschule 14.

Sekretäre der Agrikulturbotanischen Anstalt 17; — der Amtsgerichte 17; — der Badverwaltungen 16; — der Bergwerks-, Hütten- und Salinenverwaltung 17; — der Flurbereinigungskommission 17; — der Generaldirektion der Zölle und indirekten Steuern 17; — Geheime, der Gesandtschaften 13; — des Hauptmünzamts 17; — der Hauptzollämter 17; — des Hofbräuamts 17; — des Hydrotechnischen Bureaus 17; — des Katasterbureaus 17; — der Konsistorien 17; — der Kreiskassen 17; — der Kreisregierungen 17; — des Landesversicherungsamts 17; — der Landgerichte 17; — der Landgestütsverwaltung 17; — der Ministerialforstabteilung 14; — der Moorkulturanstalt 17; — des Oberkonsistoriums 16; — der Oberlandesgerichte 14; — der Obersten Baubehörde 14; — des Obersten Landesgerichts 14; — der Rechnungskammer 17; — der Staatsanwaltschaften 17; — Geheime, der Staatsministerien 13; — der Staatsministerien 14; — der Staatsschuldentilgungsanstalt 17; — des Statistischen Landesamts 17; — des Verwaltungsgerichtshofs 12; — der Zentralstaatskasse 17.

Sekretariatsassistenten der Amtsgerichte 26; — der Landgerichte 26; — der Oberlandesgerichte und der Oberstaatsanwaltschaften 23; — des Obersten Landesgerichts und der Generalstaatsanwaltschaft 21; — der Staatsanwaltschaften 26.

Seminarlehrer der Lehrerbildungsanstalten und Schullehrerseminare 12.

Seminaroberlehrer 10.

Seminarschullehrer der Lehrerbildungsanstalten und Schullehrerseminare 12.

Senatspräsidenten der Oberlandesgerichte 5; — des Obersten Landesgerichts 4; — des Verwaltungsgerichtshofs 4.

Sicherheitskommissäre der Polizeidirektion 16.

Staatsanwälte, erste, der Landgerichte 7; — zweite, der Landgerichte 9; — dritte, 12; — der Oberlandesgerichte 7; — des Obersten Landesgerichts 6; — des Verwaltungsgerichtshofs 6.

Staatsminister 1.

Stabsoberwachtmeister der Gendarmerie 20.

Stationsaufseher der Staatseisenbahnverwaltung 25.

Stationsbefehlshaber 21; — Gendarmeriewachtmeister 25.

Stationsdiener der Staatseisenbahnverwaltung 27.

Stationsmeister der Staatseisenbahnverwaltung 22.

Steiger d. Bergwerks-, Hütten- und Salinenverwaltung 17.
Steindrucker des Katasterbureaus 25; — der Kreisregierungen 25; — der Oberlandesgerichte und der Landgerichte 25; — der Polizeidirektion 25; — der Staatseisenbahnverwaltung 25; — der Staatsministerien 22.
Steuerassessoren der Flurbereinigungskommission 9; — des Katasterbureaus 9; — der Regierungen 9.
Steuerboten 25.
Steuerinspektoren 9.
Steuermänner der Bodensee-dampfschiffahrt 24; — der Kettenschleppschiffahrt 24.
Steueroberkontrolleure 12.
Steuerräte der Flurbereinigungskommission 7; — der Katasterbureaus 7; — der Regierungen 7.
Steuerrechnungskommissäre der Regierung der Pfalz, Kammer der Finanzen 14.
Steuerrevisoren 17; — die derzeitigen 16.
Steuerverwalter 14.
Straßenwärter 30.
Streckenwärter der Staatseisenbahnverwaltung 27.
Syndici der Hochschulen und der Akademien 8.
Techniker der Kunstgewerbeschulen 19; — für die Röcklsche Metallgußerfindung 19.
Technische Postsekretäre 16.
Technischer Assessor d. Hauptmünzamts 12.
Telegraphenamtsdirektoren 9.
Telegraphenassistentinnen 29.
Telegraphenverwalter, die derzeitigen 14.
Telephonamtsdirektoren 9.
Telephonassistentinnen 29.
Turmwärter der Staatseisenbahnverwaltung 22.
Turnlehrer d. humanistischen Gymnasien 14; — der Realgymnasien 14; — der humanistischen und der Realgymnasien 12.
Universitätsbauamtmänner 9.
Universitätsbauassessoren 12.
Universitätsforstmeister 9.
Universitätsmusikdirektor in Erlangen 9.
Universitätsrentamtmänner 9.
Verkehrsverwaltungsbeamte 19.
Verwalter der Universitätskliniken 14; — der Walhalla 17.
Vorarbeiter des Hauptmünzamts 22; — der Staatseisenbahnverwaltung 25.
Vorsitzende der Flurbereinigungsausschüsse 9.
Vorstand der Hebammenschule in Bamberg 9; — der Ministerialforstabteilung 4; — des Stenographischen Instituts 7; — der technischen Lehr- und Prüfungsanstalt der Generaldirektion der Zölle und indirekten Steuern 7; — des Verlagsamts 9; — der Zentralstaatskasse 7.

Vorstände der Amtsgerichte mit Bezirken von mehr als 100 000 Einwohnern 6; — der Amtsgerichte mit Bezirken von mehr als 40 000 bis 100 000 Einwohnern 7; — der Hauptzollämter 7; — d. Messungsämter (Obergeometer) 9; — der Messungsbureaus bei den Eisenbahndirektionen 9; — der Messungssektionen 9; — der Rentämter mit Kasseabteilung 7; — der Staatserziehungsanstalten 12; — der größeren Strafanstalten 7; — der kleineren Strafanstalten 9; — der Sektionen für Wildbachverbauung 9.

Wachtmeister der Schutzmannschaft 21.

Wagenmeister der Staatseisenbahnverwaltung 21.

Wagenwärter der Staatseisenbahnverwaltung 24.

Wagenwärtergehilfen der Staatseisenbahnverwaltung 27.

Wagmeister der Salinenverwaltung 22.

Waldaufseher der Hochschulen 28.

Waldwärter, die vollbeschäftigten 30.

Waschaufseher der Arbeitshäuser und der Staatserziehungsanstalten 27; — der Strafanstalten und Gerichtsgefängnisse 27.

Waschmeister der Arbeitshäuser 22; — der Strafanstalten und Gerichtsgefängnisse 22.

Weichensteller der Staatseisenbahnverwaltung 25.

Weinbergaufseher 30.

Weinbergsgärtner 25.

Weingutsinspektor 9.

Werkaufseher der Arbeitshäuser und der Staatserziehungsanstalten 27; — der Strafanstalten und Gerichtsgefängnisse 27.

Werkaufseherinnen der Arbeitshäuser und der Staatserziehungsanstalten 27; — der Strafanstalten und Gerichtsgefängnisse 27.

Werkführer der Arbeitshäuser 22; — der Strafanstalten und Gerichtsgefängnisse 22; — der Verkehrsverwaltung 22.

Werkmeister der Akademien 19; — der Baugewerkschule mit Gewerbelehrerinstitut in München 19; — der Bergwerks-, Hütten- und Salinenverwaltung 19; — der Generalkonservatorien 19; — der Hochschulen 19; — des Technikums in Nürnberg 19.

Werkstätteleiter der Post- und Telegraphenverwaltung 19.

Wiesenwärter, der derzeitige 30.

Zahlmeister der Kreiskassen- u. Staatsschuldentilgungskassen 14; — der derzeitige, der Zentralstaatskasse 11.

Zahntechniker der Universitäten 17.

Zeichenlehrer der humanistischen Gymnasien 14; — die derzeitigen 12.

Zeichner der Messungsämter 21; — der Verkehrsverwaltung 21.
Zeichnungsassistenten der Messungsämter 26.
Zentralimpfarzt 12.
Zentralinspektor für Fabriken und Gewerbe 6.
Zentralstaatskasse-Kontrolleur 9.
— **-Vorstand** 7.
Zentralwohnungsinspektor 6.
Zentralzollkassekontrolleur 11; — der derzeitige 9.
Zentralzollkassier 9; — der derzeitige 7.
Zollamtsdiener älterer Ordnung 25.
Zolleinnehmer 19.
Zollinspektoren 9.
Zolloberkontrolleure 12.
Zollrevisoren 17.
Zollverwalter 14.
Zugführer der Staatseisenbahnverwaltung 21.
Zugspackmeister der Staatseisenbahnverwaltung 25.

Alphabetisches Sachregister.

(Die Zahlen bedeuten die Artikel, die kleinen Zahlen über der Linie die Absätze.)

Abschied für die Ständeversammlung vom 29. Dezbr. 1831, Änderung 220².

Akteneinsicht im Disziplinarverfahren 136, 142⁷.

Amtspflicht, Verletzung der 13, 179 ff.

Amtstitel, Weiterführung 70¹, Verlust 110, 167³.

Amtsverschwiegenheit 14, 167², 168.

Anschuldigungsschrift im Disziplinarverfahren 137⁴.

Arrest 219.

Ausführungsgesetz z. BGB., Änderungen 226; — zum RGVG., Änderungen 222; — zur RStPO., Änderungen 223.

Ausführungsvorschriften z. Beamtengesetz 230.

Bank, K., Beamte der 191.

Beamte 1, 205, Pflichten der B. 11 ff., Gehorsamspflicht 12, Haftung aus Verletzung der Amtspflicht 13, Schweigepflicht 14, Abgabe außergerichtlicher Gutachten 15, Teilnahme an Vereinen 16, Anzeigepflicht bei Eingehung einer Ehe 17, Übernahme eines Nebenamts oder Nebengeschäfts 18, 19, Annahme von Titeln und dergl. 20, Wahl des Wohnsitzes 21, Pflichten der im Ruhestand befindlichen B. 24; — bes. Vorschriften für einzelne Klassen 182 ff.; — weibliche 206; — im Verwaltungsdienste der Hochschulen 211⁷.

Beamte, etatsmäßige 2 ff., 186, 188—191, 193, 203, 208¹; — Versetzung, Wiederanstellung, Beförderung 4³, 5⁴; — Versetzung in den Ruhestand 38 ff., 47 ff., Wiederberufung eines einstweilen in den Ruhestand versetzten B. 42, eines zeitlich oder dauernd in den Ruhestand versetzten B. 64; — Hinterbliebenenfürsorge 72 ff.

— unwiderrufliche 9, Versetzung in den Ruhestand 38 ff., 47 ff., Hinterbliebenenfürsorge 72 ff., Dienststrafrecht 105 ff., 166, 167.

— widerrufliche 8, Dienststrafrecht 164; — widerrufliche etatsmäßige 6²—⁴, 46, 204; — Versetzung in den Ruhestand 68; — Hinterbliebenenfürsorge 87.

Beförderung der etatsmäßigen Beamten 4³, 5⁴.

Berichterstatter im Disziplinarverfahren 144³, 158⁴.

Berufung gegen das Urteil der Disziplinarkammer 152.

Berufungsanmeldung 153, Zustellung an den Gegner 156.

Berufungsbeantwortung 156², 157.

Berufungseinlegung 154.

Berufungsrechtfertigung 155; Zustellung an den Gegner 156.

Beschlüsse 138 ff., 145, 179, 180.
Beschwerde gegen Einziehung des Diensteinkommens 22[4]; — gegen Versagung der Gehaltsvorrückung 33[2]; — gegen Einträge in der Qualifikationsliste 102; — im Disziplinarverfahren 140; — analoge Anwendung der Vorschriften der RStPO. 161; — gegen vorläufige Dienstenthebung 172[2]; — im Ersatzzuweisungsverfahren 179[3]; — gegen Mitteilungen aus den Qualifikationen der B. der Militärverwaltung 196[3].
Betriebsunfälle 89 ff.
Beweisaufnahme im Disziplinarverfahren 148, 159; siehe auch „Zeugen, Sachverständige."
Beweiserhebung in der Hauptverhandlung 144[2], [3].
Dienstabzeichen, deren Weitertragen 70[2]; — Verlust 110, 167[3].
Dienstaufsicht 102 ff.
Diensteid 23.
Diensteinkommen: Einziehung des D. 22[3], [4]; der etatsmäßigen B. 26 ff.; von der Gehaltsordnung abweichender Gehalt 27; Bemessung des Gehaltes 28; Gehalt bei Wiederanstellung 29; Bemessung d. Gehaltes bei Überführung in eine höhere Gehaltsklasse 30, bei zeitweiser Übergehung 30[5], für den Bereich der Verkehrsverwaltung 30[6], im Falle von Beanstandungen 31; — Aussetzung der Gehaltsvorrückung 32, Dauer des Gehaltsanspruchs 34, Gehalt bei Urlaub oder Krankheit 35, Anrechnung einer Unfallrente 36; — Verlust des Anspruchs 110; — Abgleichung des bisherigen und des künftigen 211[4]—[8].
Dienstenthebung, vorläufige 170 ff., Voraussetzungen 171, 172, Dauer 173, Einbehaltung des Gehaltes 174, 175.
Dienstentlassung 108, 110.
Dienstreisen 176[2].
Dienststrafen 106 ff; — Verurteilung in eine D. 148[3]; — Vollstreckung 163.
Dienststrafrecht für unwiderruflich aktive Beamte 105 ff; — für andere Beamte 164 ff.
Dienststrafsachen, Übergangsvorschiften 219.
Dienststrafverfahren, Einstellung 114, Erheben der öffentlichen Klage 115, D. nach Beendigung des strafrechtlichen Verfahrens 116.
Dienstunfähigkeit 47 ff.
Dienstvergehen 105, 107[2], 112, Verjährung der Strafverfolgung 113.
Dienstverhältnis 6 ff; — Eintritt der Unwiderruflichkeit 6, 209, 210.
Dienstwohnung 37, 92 Z. 1, 178 Z. 7.
Dienstzeit, Feststellung der D. 53 ff., 56, 57.
Disziplinargerichte, Zuständigkeit 118; — Ausschließung und Ablehnung von Mitgliedern 128.

Disziplinargesetz für richterliche Beamte vom 26. März 1881, Änderungen 224.
Disziplinarhof 119, Sitz und Zusammensetzung 124, Besetzung 125; — Hauptverhandlung vor d. D. 158.
Disziplinarkammern 119, Sitz 120, Besetzung 121, örtliche Zuständigkeit 122, 169.
Disziplinarstrafen 106, 108, 118.
Disziplinarverfahren 118 ff; — Einleitung 129; — Zustellungen 132; — Wiederaufnahme 141; — Zurücknahme des Antrags auf Einleitung 151; — Kosten 162; — gegen Militärbeamte 199.
chmeister 205, 209[1].
nstellung des Disziplinarverfahrens 138[2],[3].
Entlassung aus dem Staatsdienst 9[2], 10.
Entschädigung der im Wiederaufnahmeverfahren freigesprochenen Beamten 160; — für den Dienstaufwand 27[4].
Entscheidungen im Disziplinarverfahren 133.
Ernennung der etatsmäßigen Beamten 4, 5.
Ernennungsurkunde 5.
Ersatzzuweisungen, Verfahren 179 ff.
Fachschulen, Beamte der 190.
Finanzgesetz vom 30. Juni 1900, Änderung 228.
Fristen 22[4], 51[3],[6], 130, 142[3], 150, 153, 155, 157, 179[3], 180.
Fürsorge bei Betriebsunfällen 89 ff., 101, Höhe des Ruhegehaltes 89, Sterbegeld und Rente für Hinterbliebene 90, Festsetzung der Bezüge 92—94, Dauer des Anspruches auf Ruhegehalt und Hinterbliebenenrente 95, Verlust des Anspruches 96, Anmeldefrist 97, Schadensersatzansprüche aus bayer. Landesgesetzen 100; — bei Unfällen anderer Art 91; — für die Hinterbliebenen der etatsmäßigen Beamten 72 ff; — für die Hinterbliebenen des Berg-werks-, Hütten- u. Salinenbeamten 79, eines verschollenen Beamten 80.
Gehalt, siehe „Diensteinkommen".
Gehaltseinbehaltung 174.
Gehaltsvorrückung 31 ff.
Geistliche, mit der Militärseelsorge betraute 208[4].
Geldstrafe 107, 109, 164 ff.
Gemeindeeinnehmer 205; — pfälzische 209[1].
Gendarmen 204.
Gendarmerieoffiziere 204.
Gerichtsschreiber bei den Disziplinargerichten 126[3].
Gesetze, abgeänderte 221 ff.
Gesetz vom 4. Juni 1848, die Verantwortlichkeit der Minister betr., Änderungen 221; — vom 26. Oktober 1887, die Erläuterung und den Vollzug des Titels II § 18 der Verfassungsurkunde betr., Änderung 225.
Haft 219.

Hauptlandespragmatik 212[2], 214[4], 215, Außerkraftsetzung 220[2].
Hauptverhandlung vor der Disziplinarkammer 139, 142 ff; — vor dem Disziplinarhof 158.
Hinterbliebenenversorgung, Verlust des Anspruchs 110, 167[3].
Hochschulprofessoren 187; — Übergangsvorschriften bezüglich ihres Diensteinkommens u. s. w. 217.
Inhaber des Anstellungsscheines, Bemessung ihres Gehaltes 28[4].
Kollegialdirektoren, Übergangsvorschriften bezüglich der Unterhaltsansprüche ihrer Kinder 215.
Kollegialpräsidenten, Übergangsvorschriften bezüglich der Unterhaltsansprüche ihrer Kinder 215.
Kollegialräte, Übergangsvorschriften bezüglich der Unterhaltsansprüche ihrer Kinder 215[4].
Kreisackerbauschulen, Beamte der 188, 208[3].
Kreisbaugewerkschule Kaiserslautern, Beamte der 188, 208[3].
Kreisbeamte, sonstige 189.
Kriegsjahr 55[2], [3].
Ladung im Disziplinarverfahren 142, 158[2].
Landtag, Gesetz vom 19. Jan. 1872, den Geschäftsgang des L. betr. 185.
Landtagsabschied vom 28. April 1872, Änderung 220[3]; — vom 29. Juli 1876, Änderung 220[3].
Landtagsbeamte 185.
Landwirtschaftliche Mittelschulen, Beamte der 188, 208[3].
Lateinschulen, Beamte der 188, 208[3].
Mietentschädigung für den Genuß einer Dienstwohnung 37.
Militäranwärter, Widerruflichkeit 7; — Bemessung ihres Gehaltes 28[4], [5].
Militärbeamte, Disziplinarverfahren 199.
Militärdienst, Hinzurechnung zur Zivildienstzeit 55.
Militärgeistliche 203.
Militärverwaltung, Beamte der 192 ff., 208[5], 218.
Ministerialreferenten, Übergangsvorschriften bezüglich der Unterhaltsansprüche ihrer Kinder 215.
Mittelschulen, Beamte der aus Kreisfonds unterhaltenen 188.
Notariatsgesetz vom 9. Juni 1899, Änderungen 227.
Oberrealschulen, Beamte der 188, 208[3].
Oberster Rechnungshof, Mitglieder des 184.
Ordnungsstrafen 106, 107, 138[2], 141[2], 148[2], 205[2].
Ordnungsstrafverfahren 117.
Pensionsvorschriften, seitherige 212[2] ff.
Pfälzische Eisenbahnen, Beamte und Bedienstete der 210.
Progymnasien, Beamte der 188, 208[3].
Protokoll im Disziplinarverfahren 135; — über die Hauptverhandlung 149; —

über die Zeugen- und Sachverständigenaussagen 144 [4].
Qualifikation der Beamten 102; — der Beamten der Militärverwaltung 196.
Realschulen, Beamte der 188, 208 [3].
Rechtsanwalt, Zuziehung im Disziplinarverfahren 142 [7], 143.
Rechtsweg Ausschluß 72 [3], hinsichtlich vermögensrechtlicher Ansprüche 176 ff., hinsichtlich Ersatzverbindlichkeiten 180.
Richter der ordentlichen Gerichte 183.
Ruhegehalt: Höhe 52, Berechnung des R. 53; — im Falle eines früheren Dienstverhältnisses 59; — Anrechnung einer Unfallrente 60; — Dauer des Anspruchs 62, 65; — Ruhen des Anspruchs 66; — Einziehung, Kürzung, Wiedergewährung 67; — Festsetzung des 71; — Verlust des Anspruchs 110, 167 [3]; — Übergangsvorschriften 213; — der Bergwerks-, Hütten- und Salinenbeamten 60 [2]; — der Mitglieder einer Kreispensionsanstalt für dienstunfähige Lehrpersonen 61.
Ruhestand, Versetzung in den 69, mit Wartegeld 38 ff., mit Ruhegehalt 47 ff., geg. den Willen des Beamten 51.
Sachverständige 131, 147.
Schadensersatzanspruch des Staates wegen Verletzung der Amtspflicht 13 [3].
Schadensersatzpflicht 179.
Schluß- und Übergangsbestimmungen 207 ff.
Schulbedarfgesetz vom 28. Juli 1902, Änderungen 229.
Sitzungspolizei im Disziplinarverfahren 143 [4].
Sonntagsruhe 22.
Staatsanwaltschaft bei der Disziplinarkammer 126 [1], bei dem Disziplinarhof 126 [2].
Staatsdieneredikt, Außerkraftsetzung 220 [2].
Staatsdienstaspiranten, deren Pflichten 25; — Bemessung des Gehaltes 28 [7]; — Dienststrafrecht 165, 168; — Haftung 181.
Staatsminister 182; — Übergangsvorschriften bezüglich der Unterhaltsansprüche ihrer Kinder 215.
Stellvertretungskosten 175.
Sterbegehalt 72.
Steuereinnehmer 205; — pfälzische 209 [1].
Stiftungsbeamte 189.
Strafversetzung 108, 109.
Suspension 219.
Titel, Verlust des 110, 167 [3].
Übergangsbestimmungen 207 ff.
Übertragung einer anderen Amtsstelle 8, 9.
Umzugskosten, Gewährung von 8 [1], 9 [1], 27 [4], 52 [4], 188 [3]; — bei Strafversetzung 109 [4].
Unfallfürsorge 89 ff., 101, Verlust des Anspruches 96, siehe auch „Fürsorge bei Betriebsunfällen".
Unterhaltsbeitrag im Falle der Dienstentlassung 110 [2], [3].
Urlaub 22.

Urteil, Verkündung des 148⁵.
Verfassungsurkunde 220².
Verhaftung im Disziplinarverfahren 134⁴.
Verjährung von Dienstvergehen 113.
Verlesung der Beweismittel 144⁴.
Vermögensrechtliche Ansprüche, Verfolgung der 176 ff.
Vernehmung von Zeugen u. Sachverständigen 145, 146.
Verordnung vom 23. April 1806, die Gratifikation der Staatsdiener betr., Aufhebung 220³; — vom 31. Juli 1817, die Organisation der Generaladministration der Posten betr., § 7 Ziff. I e, Aufhebung 220³.
Versetzung der etatsmäßigen Beamten 4³, 5⁴.
Versicherungskammer, Beamte der 186, 208².
Verteidiger im Disziplinarverfahren 142⁷.
Verwaltungsgerichtshof, Mitglieder des 183.
Verweis 107, 167².
Verweisungsbeschluß 142; — Verlesung des 144.
Vollstreckung der Dienststrafen 163; — im Ersatzzuweisungsverfahren 179⁴.
Vorgesetzte 103.
Vorläufige Festnahmen, Vorführung im Disziplinarverfahren 134⁴.
Vorschriften, aufgehobene 220.
Voruntersuchung im Disziplinarverfahren 134 ff.
Waisengeld 73 ff., Anrechnung einer Unfallrente 74³, Höhe 75—78, Dauer des Anspruchs 82, 85, Festsetzung 83, Ruhen des Anspruchs 86, Unterhaltsbeiträge nach Vollendung des 21. Jahres 88: — Übergangsvorschriften 214.
Wartegeld, Versetzung in den Ruhestand mit W. 38 ff., Höhe 39, Dauer des Anspruches 40, 43, Ruhen des Anspruches 44, Einziehung, Kürzung, Wiedergewährung des W. 45; — Festsetzung 71; — Übergangsvorschriften 213.
Wasserversorgungsbureau, Beamte des 186, 208².
Weibliche Beamte 206.
Wiederanstellung der etatsmäßigen Beamten 4³, 5⁴.
Wiederaufnahme des Disziplinarverfahrens 141, 159, 160.
Wiedereinsetzung in den vorigen Stand 130, 150.
Witwengeld 73 ff., Höhe 74, 76—78, Anrechnung einer Unfallrente 74³, Dauer des Anspruches 82, 85, Festsetzung 83, Ruhen des Anspruches 86; — Übergangsvorschriften 214.
Zeugen 131, 147.
Zulage, persönliche 211³.
Zuständigkeit, örtliche 169; — zur Erlassung von Verfügungen in Gehaltsangelegenheiten 33.
Zustellungen im Disziplinarverfahren 132, 158³.
Zwangsstrafen gegen Beamte 104.